Personalmarketing im Pflegedienst

Sandra Grootz
Mathias Brandstädter
Florian Schaefer
Kristin Huthwelker

Personalmarketing im Pflegedienst

Erfolgreiche Personalsuche für Krankenhaus und Pflegeheim

 Springer

Sandra Grootz
Stabsstelle
Unternehmenskommunikation
Uniklinik RWTH Aachen
Aachen, Deutschland

Florian Schaefer
Stabsstelle
Unternehmenskommunikation
Uniklinik RWTH Aachen
Aachen, Deutschland

Mathias Brandstädter
Stabsstelle
Unternehmenskommunikation
Uniklinik RWTH Aachen
Aachen, Deutschland

Kristin Huthwelker
Universitätsklinikum Düsseldorf
Düsseldorf, Deutschland

ISBN 978-3-662-54103-6   ISBN 978-3-662-54104-3   (eBook)
https://doi.org/10.1007/978-3-662-54104-3

Die Deutsche Nationalbibliothek verzeichnet diese Publikation in der Deutschen Nationalbibliografie; detaillierte bibliografische Daten sind im Internet über http://dnb.d-nb. de abrufbar.

Umschlaggestaltung: deblik Berlin
Fotonachweis Umschlag: © FatCamera/Getty Images/iStock

Springer ist ein Imprint der eingetragenen Gesellschaft Springer-Verlag GmbH, DE und ist ein Teil von Springer Nature
Die Anschrift der Gesellschaft ist: Heidelberger Platz 3, 14197 Berlin, Germany

Geleitwort

Die Nachrichten häufen sich, dass Klinikunternehmen OPs absetzen und Stationen aufgrund von Mangel an Pflegepersonal eine gewisse Zeit schließen müssen. Hinzu kommt, dass der Gesetzgeber eine Mindestpersonalbesetzung in definierten Bereichen vorschreibt. Die Zeiten, in denen über Generationen hinweg Pflege als Erfüllung gesehen und gelebt worden ist und Eltern ihren Kindern den Pflegeberuf ans Herz gelegt haben, scheinen ebenfalls längst vorbei zu sein.

Offenbar haben wir es hier mit einer tiefliegenden, fundamentalen Herausforderung zu tun. Ausdruck findet diese darin, dass viele Klinikunternehmen kaum eine Strategie haben, wie sie dem Mangel an Pflegepersonal wirksam begegnen wollen. Ursachen hierfür mögen sein, dass

- Personalressorts in Kliniken eher administrativ als strategisch aufgestellt sind,
- Personalmarketing in vielen Kliniken kurzatmig und nicht konsequent betrieben wird,
- zielgruppenadäquate Instrumente für die Personalbeschaffung für viele in Personalressorts tätige Mitarbeiter suspekt erscheinen.

Langsam reift jedoch die Erkenntnis in der Branche heran, dass sich der Arbeitgeber insgesamt und die Abteilung bei den potenziellen Mitarbeitern bewerben müssen und nicht umgekehrt. Und genau das versucht Personalmarketing in Form einer Vision und eines Leitbilds sowie mit adäquaten Strategien und wirksamen Instrumenten zu realisieren.

Dieses Buch setzt einen Schwerpunkt auf die praxiskonforme Erläuterung von Tools, die für ein Pflege-Personalmarketing essenziell sind. Es werden eine Vielzahl von Tipps gegeben, typische Fehlerquellen aufgezeigt und Praxisbeispiele geboten. Zudem werden Ansätze konkretisiert, die ein wirksames Controlling des Pflege-Personalmarketings, zum Beispiel mittels Kennzahlen, ermöglichen.

Das Buch bietet dem Praktiker zahlreiche wertvolle Anregungen. Es kann durchaus als umfassende Checkliste für das Gestalten eines guten Pflege-Personalmarketings verwendet werden. Zudem bietet es für Dozenten an (Fach-)Hochschulen und Weiterbildungseinrichtungen eine Hilfe, wenn es darum geht, künftige Mitarbeiter von Klinikunternehmen hinsichtlich Pflege-Personalmarketing zu unterrichten. Insofern wünsche ich dem Buch eine hohe Verbreitung. Es schließt eine eklatante Lücke im Buchmarkt.

Univ.-Prof. Dr. Michael Lingenfelder
Marburg
12. Juni 2018

Vorwort

Eine blonde Polizistin und ihr Kollege, ausgerüstet mit einem stattlichen „Ghettoblaster", begrüßen einen neuen Kollegen standesgemäß mit einem „Rap" – dieser ist hier ganz bewusst in Anführungszeichen gesetzt. Tatsächlich mutet die Szene genauso steif an, wie man sie sich vor dem inneren Auge vorstellt: Man merkt den Protagonisten an, dass sie sich mit der Situation und ihrer Rolle als Telegrammboten mit Sprechgesang innerlich noch nicht wirklich angefreundet haben. Als Zuschauer ahnt man: Hier führt wohl eher die Not Regie.

Dieser Recruitingclip der Polizei wurde binnen kürzester Zeit ein viraler Hit, allerdings nicht so, wie es die Macher ursprünglich wohl im Sinn hatten. Das kam natürlich bei den Kollegen im aktiven Dienst nicht nur gut an. Mittlerweile hat man dort die Zahl der Bewerber – wegen oder trotz des Clips – stattlich steigern können. In diesem Jahr haben sich mehr als 11.000 Schulabgänger bei der Polizei NRW beworben, so viele wie nie. Die Beliebtheit erklärt die Gewerkschaft der Polizei mit einer Mischung aus groß angelegter Online-Werbung, weitgehender Jobgarantie und im Bundesvergleich guter Bezahlung.

Was tut man nicht alles, um dem Fachkräftemangel die Stirn zu bieten, derlei Initiativen gibt es nicht nur bei der Polizei.

- **Pflegenotstand – Fachkräfteengpass**

Die Themen „Pflegenotstand" und „Fachkräfteengpass" brennen auch allen Akteuren im Gesundheitswesen auf den Nägeln: den Patienten, der Gesundheitspolitik, den Beschäftigten in der Gesundheitswirtschaft – und vor allem den Krankenhäusern selbst. Was also tun?

Wer sich in den ersten Monaten des Jahres 2018 um das Thema Recruiting von Pflegefachkräften Gedanken gemacht und sich auf die Pirsch nach Best Practices begeben hat, konnte schnell auf die Social-Media-Aktivitäten eines großen Klinikums im Westen der Republik aufmerksam werden.

Im Video „Epic Split" macht beispielsweise eine Krankenschwester einen Spagat, um Aspiranten anzuwerben, die im Klinikum ihren Freiwilligendienst absolvieren. Der Instagram-Account des Klinikums ist mit rund 4800 Followern nicht nur der größte einer deutschen Klinik, wie man unterstreicht, sondern, so erklärt man dort, auch „eigentlich der Kanal schlechthin, um junge Nachwuchskräfte in Sachen Pflege […] zu kriegen." Dieses „Influencer-Marketing" funktioniere so nachhaltig, dass selbst Fachkräfte aus Hessen in die Ruhrmetropole strebten (Raschke 2018).

Das Statement lässt aufhorchen, vor allem wenn man bedenkt, dass die inhaltlichen Aussagen zu den Karrierechancen bei näherem Blick dürftig ausfallen. Ist das effizientes Personalmarketing oder eher Imagebildung mit begrenzter Halbwertszeit? Und viel wichtiger: Kann man das, wenn es denn überhaupt so funktioniert, getrost zur Nachahmung empfehlen – oder enden diese Versuche wieder bei Darstellungen analog zu den rappenden Polizisten?

Ein Blick in die Tagespresse und die Kommentarspalten einschlägiger Foren zeichnet da allerdings ein wesentlich differenzierteres Bild. „Auf große Resonanz stoßen unsere Berichte über die Pflegesituation in regionalen Krankenhäusern", erklären die Ruhr Nachrichten unter dem Titel „Pflegenotstand: *Wer zuviel erzählt, kriegt die Papiere*". Die Reaktionen der Mitarbeiter reichten, so heißt es hier, von „Ich hab jetzt noch mehr Angst, ins Krankenhaus zu kommen" bis „Der Alltag ist 100 mal schlimmer als geschildert". Besonders viel Kritik gebe es an eben jenem Klinikum, so die Zeitung. Eine Leserin, die seit mehr als 30 Jahren als examinierte Krankenpflegerin dort arbeitet, widerspricht vehement den Äußerungen des Hauses, den Pflegemangel effektiv mit innovativem Marketing zu begegnen (Boehm-Heffel 2018).

Ist diese Kritik ungerecht? In Teilen sicherlich, denn zugunsten des Hauses muss man anmerken: Die Klinik ist wirklich innovativ. Was hier beschrieben wird, ist kein Spezifikum des genannten Klinikums, keine Standortkritik, sondern allenthalben zu beobachten.

Offenkundig ist die reale Lebenswirklichkeit der Pflege-Mitarbeiter um Welten von dem entfernt, was im Personalmarketing aus Sicht von Kommunikationsfachleuten, Recruitern und Pflegedirektionen als idealer Arbeitsplatz gepriesen wird. Beide Welten haben sich in den letzten Jahren schrittweise voneinander entfremdet. Eine strukturelle Unwucht und massive Arbeitsverdichtungen lassen sich nicht über den passenden Marketing-Mix und einen schmissigen Clip in Luft auflösen.

Im Gegenteil: Es entsteht wie im soeben beschriebenen Beispiel eine fatale Rückkopplung. Derlei Entfremdung der Mitarbeiter von offiziellen Verlautbarungen der Häuser zeigt, wie eng Personalmarketing mit interner Kommunikation verknüpft ist oder besser: verknüpft sein sollte. Die bestehenden Mitarbeiter erleben, dass ihre Arbeitssituation systematisch zugunsten der Marketingansprüche gebeugt und wohlfeil frisiert wird und quittieren die Initiativen des eigenen Hauses, die Personalnotstände zu lindern, mit Hohn und Spott anstelle von Unterstützung und persönlicher Empfehlung im Bekanntenkreis. Im Effekt entsteht eine Rückkopplungswirkung, die man näherungsweise mit dem Begriff „Anti-Marketing" umschreiben könnte. Aber muss das so sein und wie sähe ein gleichermaßen wirksames wie nachhaltiges Personalmarketing aus? Dieser Frage wollen wir mit diesem Fachbuch auf den Grund gehen. Gesundheitspolitischer Rahmen, Recherche, Zielgruppenfassung,

Positionierung, Marketing-Mix, Kampagnenführung, Best Practices und Evaluation sind dabei die zu absolvierenden Etappen.

Wir bieten Ihnen unsere Sicht der Dinge, gern hören wir Ihre. Sollten Sie Fragen und Anregungen haben, zögern Sie bitte nicht, uns zu kontaktieren. Wir freuen uns auf Ihr Feedback!

Sandra Grootz
Dr. Mathias Brandstädter
Florian Schaefer
Kristin Huthwelker
Aachen
im Juni 2018

Literatur

Boehm-Heffels U (2018) Pflegenotstand: „Wer zuviel erzählt, kriegt die Papiere". ▶ https://www.ruhrnachrichten.de/Staedte/Dortmund/Pflegenotstand-Wer-zuviel-erzaehlt-kriegt-die-Papiere-1234236.html. Zugegriffen: 20. Mai 2018
Raschke M (2018) Wenn du PR sagst, musst du auch HR sagen – Marc Raschke zu Influencer-Marketing, Bewerberansprache via Instagram und WhatsApp und Leibesinselschwund – Podcast Episode. ▶ https://personalmarketing2null.de/2018/03/pr-hr-influencermarketing-leibesinselschwund/. Zugegriffen: 20. Mai 2018

Inhaltsverzeichnis

Serviceteil

Über die Autoren

Sandra Grootz (M.Ed.)
Studium der Anglistik, Germanistik und Erziehungswissenschaften an der Bergischen Universität Wuppertal. Parallel zum Studium Teilzeitbeschäftigung in der Unternehmenskommunikation des AGAPLESION BETEHSDA KRANKENHAUSES WUPPERTAL. Seit Juli 2012 Referentin Unternehmenskommunikation an der Uniklinik RWTH Aachen, seit Juni 2014 Stellvertretende Leitung. Seit 2016 zudem verantwortlich für die Presse- und Öffentlichkeitsarbeit am Franziskushospital Aachen.

Dr. Mathias Brandstädter (M.A.)
Seit 2012 Leiter Unternehmenskommunikation und Pressesprecher der Uniklinik RWTH Aachen; zuvor Leiter Unternehmenskommunikation/Marketing mehrerer Einrichtungen und Mitglied der konzernweiten Lenkungsgruppe Kommunikation der AGAPLESION gAG sowie als PR-Berater in einer Full-Service-Agentur in Düsseldorf und als Redakteur einer Tageszeitung tätig. Berufsbegleitende Promotion an der Universität Hamburg.

Florian Schaefer (Dipl.-Kfm., M.A.)
Studium der Betriebswirtschaftslehre und anschließendes Medizinmanagement-Studium an der Universität Duisburg-Essen am Standort Essen. Von 2009 bis 2011 Trainee der Geschäftsführung am AGAPLESION BETHESDA KRANKENHAUS WUPPERTAL. Von 2011 bis 2013 Qualitätsmanagementbeauftragter der LWL-Klinik Dortmund-Elisabeth-Klinik. Seit 2013 Referent Unternehmenskommunikation und Praxiskommunikation an der Uniklinik RWTH Aachen. Seit 2016 zudem Prokurist der *Stiftung Universitätsmedizin Aachen*.

Kristin Huthwelker (B.A.)
Zwischen 1993 und 2016 verschiedene Positionen als Stationsleitung, Krankenhaussozialdienst/Pflegeüberleitung, Pflegebereichsleitung und Stellvertretende Pflegedienstleitung am AGAPLESION BETHESDA KRANKENHAUS WUPPERTAL. Seit 2016 pflegerische Departmentleitung Konservative Medizin am Universitätsklinikum Düsseldorf. Berufsbegleitendes Studium Pflegemanagement und Organisationswissen an der Fliedner Fachhochschule Düsseldorf.

Grundlagen und Einführung

© Springer-Verlag GmbH Deutschland, ein Teil von Springer Nature 2019
S. Grootz, M. Brandstädter, F. Schaefer, K. Huthwelker, *Personalmarketing im Pflegedienst*,
https://doi.org/10.1007/978-3-662-54104-3_1

1.1 Einführung – der Rahmen

1.1.1 Wettbewerb

Der aktuelle Pflegenotstand ist kein Zufall oder Produkt mangelnder berufspolitischer Vorausschau, wie es bisweilen heißt. Dahinter verbirgt sich eine, in jedem Fall zu erwartende Konsequenz der budgetorientierten Finanzierung innerhalb der stationären Abrechnung. Der Krankenhausmarkt ist in hohem Maße kompetitiv und konfrontativ.

Dieser Wettbewerb ist kein Zufall, sondern vom Gesetzgeber bewusst initiiert, um die seitens der politischen Entscheider und Kassen ausgemachten Überkapazitäten abzubauen. Der gesamte Prozess wird dabei etwas beschönigend „Strukturbereinigung" genannt. Hierzulande gilt zu diesem Zweck seit 2002 das sogenannte G-DRG-System (German Diagnosis Related Group), das durch das „Gesetz zur Einführung des diagnoseorientierten Fallpauschalensystems für Krankenhäuser" in Kraft trat und anschließend in einer Konvergenzphase schrittweise verbindlich seit einigen Jahren für alle Krankenhäuser eingeführt wurde – bis auf die Psychiatrie, hier gilt nach wie vor eine Konvergenzphase.

Durch regelmäßige Anpassungen fortgeschrieben, ist es zwar Gegenstand vielfältiger Kritik (Braun et al. 2010; Brandstädter und Ullrich 2012), es hat aber auch unbestritten zu einer deutlichen Dynamisierung und Liberalisierung des Gesundheitsmarkts geführt. Nach anfänglichen Abstimmungsschwierigkeiten zwischen den Selbstverwaltungspartnern, die sich beispielsweise auf den Fallpauschalen-Katalog einigen mussten, wurde das DRG-System schlussendlich 2004 einheitlich und verbindlich in Deutschland implementiert und prägt seit gut 15 Jahren den Klinikmarkt. Nach der DRG-Systematik wird seitdem jeder stationäre Behandlungsfall gemäß der dazugehörigen Fallpauschale vergütet. Zuvor setzten sich die Zahlungsleistungen aus einem Mischsystem bestehend aus 80 % tagesbezogener Pflegesätze und 20 % Sonderentgelten zusammen.

Die Einführung der neuen Finanzierungsgrundlage hatte weitreichende Folgen für die Krankenhäuser:

- Seit der Novellierung des Gesetzes erhöhte sich die Zahl der Ärzte stetig, die Zahl der Pflegekräfte ging ebenso sukzessive zurück. Grund dafür war der gestiegene Bedarf an Personal, das abrechenbare Leistungen generieren kann, und die betriebswirtschaftliche Notwendigkeit, anderweitige Personalkosten, die nicht unmittelbar erlösrelevant sind, zu senken.
- Des Weiteren ließ sich ein Anstieg der Mitarbeiter im Verwaltungsdienst verbuchen, der sich durch den vermehrten administrativen Aufwand erklärt.

Während die Fallzahl in Krankenhäusern seit 1995 um knapp zwölf Prozent gestiegen ist, hat die Zahl der Pflegekräfte um gut 13 % abgenommen. Zudem empfinden viele Mitarbeiter im Krankenhaus die Einführung der Fallpauschalen als hauptsächliche Triebfeder für eine Zunahme administrativer Tätigkeiten – zulasten der Beschäftigung mit dem Patienten. Die DRG-Systematik ist damit also auch der Auftaktakkord für die Reduktion der Pflegefachkräfte. Für die Angestellten der Pflege im Krankenhaus hat die Systemumstellung durch Steigerung der Wertschöpfungsmenge (Zahl der behandelten Fälle) und Wertschöpfungstiefe (Komplexität der behandelten Fälle) aber noch weitere Folgen: Die kürzeren Liegezeiten und die Fallzahlsteigerungen führten zu einer höheren Arbeitsbelastung und verändern die Interaktion mit dem Patienten (◖ Abb. 1.1 und 1.2).

Da die grundlegende Strukturbereinigung des Krankenhaussektors durch Kapazitätsabbau beziehungsweise eine stärkere Spezialisierung als ursprüngliches Ziel des DRG-Systems bislang ausgeblieben ist, versuchen Kliniken weiter, höhere Umsätze durch

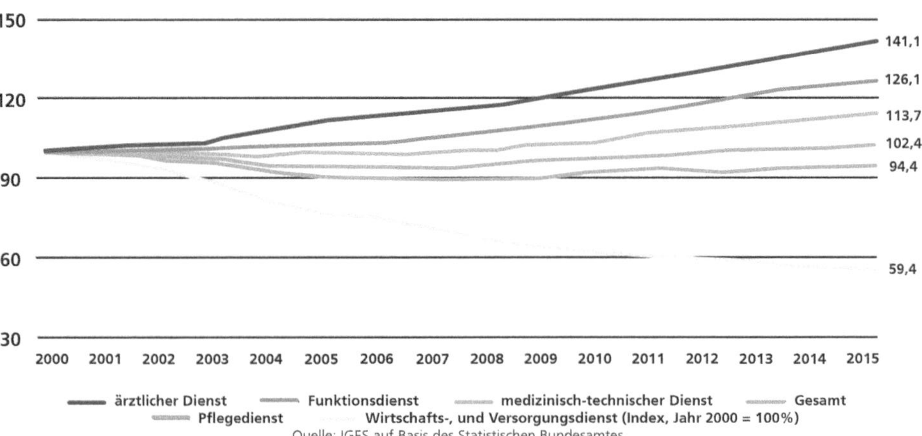

◖ **Abb. 1.1** Entwicklung der Vollzeitkräfte nach Dienstarten im Zeitverlauf, Indexdarstellung in Prozent, 2000–2015 (links)

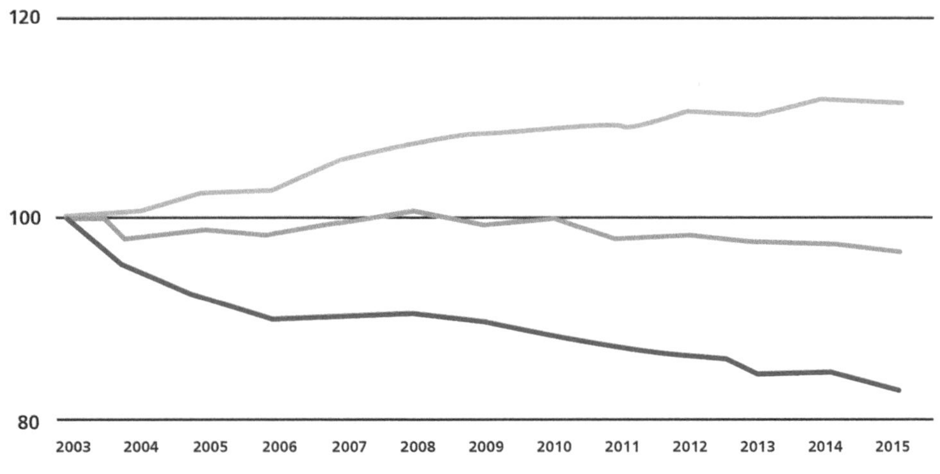

◖ **Abb. 1.2** Veränderung der durchschnittlich zu versorgenden Fälle pro Vollzeitkraft im Jahr in allgemeinen Krankenhäusern in Prozent, 2003–2015

Fallzahlsteigerungen zu generieren und Kosten zu senken. In diesem Zusammenhang wird von Akteuren und politischen Parteien kritisiert, dass die Bemühungen der Krankenhäuser um Kostensenkung dabei einseitig zulasten der Pflegepersonalausstattung gingen. Hierbei wird sowohl auf eine zunehmende Arbeitsbelastung und -verdichtung, steigende Überstunden und Krankheitstage sowie sinkende Arbeitszufriedenheit bei beruflich Pflegenden verwiesen als auch auf eine im internationalen Vergleich niedrige Pflegepersonalausstattung in der stationären Versorgung in Deutschland (Greß und Stegmüller 2014).

Diese gleichwohl richtige Diagnose verkennt, dass der Gesetzgeber durch die prospektive Finanzierung mittels Budgets diese Entwicklung überhaupt initiiert hat. Wie zwei größere Studien unabhängig voneinander nachgewiesen haben (Hasselhorn 2008; Görres 2008), scheint mittlerweile das Image des Pflegeberufs insgesamt beschädigt zu sein, sodass auch Sofortprogramme wie das der großen Koalition für 8000 zusätzliche Pflegekräfte mangels Bewerberdichte schwer zu realisieren sind.

Auch den Überlegungen, den Pflegebereich innerhalb des DRG-Systems anders zu gewichten, steht die gegenwärtige Administration mehr als kritisch gegenüber. Es gelte vielmehr, „die Krankenhäuser nicht aus ihrer betriebswirtschaftlichen Leistung zu entlassen" (Balling 2018). Jedes Recruiting im Klinikwesen wird auch in absehbarer Zeit vor der Herausforderung stehen, für einen Beruf zu werben, dessen Rahmenbedingungen zwischen den Polen eines hohen kostenkalkulatorischen Drucks und steigender Arbeitsverdichtung schwingen.

Zusätzlichen Schwung verleiht dem Thema die Debatte um Personaluntergrenzen in der Pflege, die 2019 erstmalig in Kraft treten.

Diese Fragen sind in Deutschland aktueller denn je: Im Oktober 2015 hatte das Bundesgesundheitsministerium die Expertenkommission „Pflegepersonal im Krankenhaus" einberufen. Aufbauend auf deren Empfehlungen hat das Bundeskabinett Anfang April 2017 die Einführung von Personaluntergrenzen auf der Ebene einzelner Fachabteilungen beschlossen. Die genaue Festlegung dieser Grenzen wird allerdings zunächst der Selbstverwaltung übertragen. Angesichts der gegenläufigen Interessen der Verhandlungspartner bleibt abzuwarten, ob es zu einer Einigung kommt oder die Diskussion über die angemessene Pflegepersonalstärke von vorn beginnt. Die Perspektive auf verpflichtende Pflegepersonaluntergrenzen steigert den Druck auf Arbeitgeber mit vielen Pflegenden umso mehr. Der Fachkräftemangel ist zu einem kontrovers diskutierten Politikum avanciert, man kann „davon ausgehen, dass politisch Zeichen gesetzt werden und die Pflegepersonaluntergrenzen bald in den meisten, wenn nicht gar allen Bereichen gelten. Bei Nichteinhaltung der Grenzen drohen hohe Abschläge in den in weiten Teilen ohnehin knapp bemessenen DRGs. Zudem kann davon ausgegangen werden, dass die Ausweitung der Personaluntergrenzen einstweilen auf die Altenpflege erfolgt" (Brandstädter und Camphausen 2018b).

Wie sieht die Pflege selbst diese Entwicklung? Gut achtzig Prozent der Pflegenden erklären, dass sie diesen Beruf gewählt haben, weil sie mit Menschen arbeiten wollen, einer sinnstiftenden Tätigkeit nachgehen und eine vielseitige und abwechslungsreiche Aufgabe haben möchten. Diese Motivationsgrundlage trifft im aktuellen Alltag stationärer Versorgung aber auf eine Realität, die eben dies nicht mehr im bekannten Maße zu bieten hat (◘ Abb. 1.3).

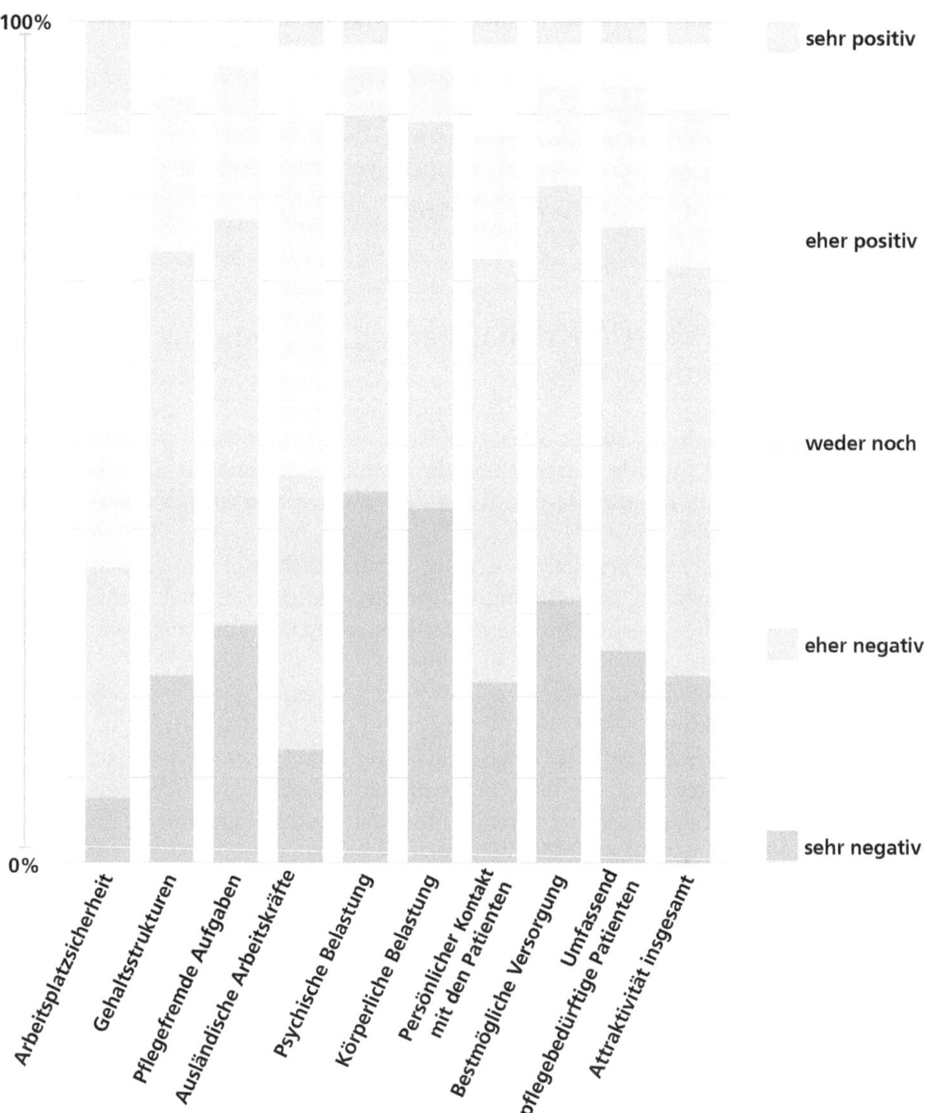

Abb. 1.3 Zukunftserwartungen von Pflegemitarbeitenden. (Nach Buxel 2011)

- Mit Blick auf den wahrgenommenen Arbeitsalltag und die künftige Erwartungshaltung geben fast fünfzig Prozent der befragten Pflegekräfte an, sich von der Arbeit im Krankenhaus häufig psychisch wie physisch stark belastet beziehungsweise erschöpft zu fühlen.
- Mehr als zwei Drittel der Befragten bemängelten, dass sie zur Erledigung der Aufgaben und für die Zuwendung zum Patienten aufgrund pflegefremder Tätigkeiten nicht ausreichend Zeit hätten und die anfallende Arbeit in der dafür vorgesehenen Zeit kaum zu schaffen sei.
- Die klare Mehrheit von über achtzig Prozent der Befragten bemängelt die steigende körperliche Belastung (Buxel 2011).

1.1.2 Demografie, Professionalisierung, Akademisierung, Generationenwandel

Unabhängig von den ordnungspolitischen Rahmenbedingungen sind noch weitere Faktoren ursächlich für eine Verschärfung des Fachkräftemangels. In Zukunft werden zunehmend ältere, multimorbide und demente Patienten von immer älterem Pflegepersonal versorgt.

Die Folgen der Bevölkerungsentwicklung werden nicht nur im Bereich der Versorgung und der sozialen Absicherung zu spüren sein, denn immer weniger junge, berufstätige Menschen werden für die Altersversorgung der Pensionäre von morgen aufkommen müssen.

Zwei Gruppen von Mitarbeitern erfahren derzeit eine besondere Aufmerksamkeit. Zum einen geht es im Zuge der Verlängerung der Lebensarbeitszeit um die bessere Nutzung des Wissens und der Erfahrung älterer Mitarbeiter. Zum anderen rücken junge Berufseinsteiger nach, die neue Perspektiven und oftmals gänzlich andere Vorstellungen vom Arbeitsleben und ihrer beruflichen Entwicklung mit in den Betrieb bringen.

Steigende Anforderungen in der Leistungserbringung einerseits, fehlende Ressourcen durch personelle Unterbesetzung andererseits machen Pflegeberufe für beide Gruppen jedoch zunehmend unattraktiv. Auch für die Arbeitswelt wird diese demografische Entwicklung neue Herausforderungen beinhalten. Schon demografisch bedingt wird es zu einem Rückgang der informellen – also der nicht professionell tätigen – Pflegepersonen kommen, insbesondere bei der Versorgung durch eigene Familienangehörige. Noch werden etwa zwei Drittel der Pflegebedürftigen zu Hause versorgt, meistens von Mitgliedern aus dem engeren Familienkreis – Kindern, Ehegatten, Lebenspartnern oder anderen engen Angehörigen. Allerdings ist nicht damit zu rechnen, dass Pflegebedürftige künftig in diesem Umfang von Angehörigen versorgt werden, denn schon heute sinkt die Zahl der Menschen, die im häuslichen Umfeld gepflegt werden.

Auch die Zahl der Personen, die für die berufliche Pflege zur Verfügung stehen, sinkt sukzessive: Bereits heute steigt der Anteil der über 50-Jährigen in der Altenpflege stetig an. Der Gesamtbedarf an Pflegekräften steigt erheblich – der Anteil im stationären Bereich ist dabei in etwa viermal so hoch wie im ambulanten Sektor. Die beiden gegenläufigen Trends – immer weniger Pflegende für immer mehr Pflegebedürftige – führen zwangsläufig in wechselseitiger Verstärkung zu Engpässen und zu mangelnder Qualität in der Pflege – und damit zu Erlösausfällen und steigenden Kosten (❏ Abb. 1.4). Aktuell sind etwa 3,3 Mio. Menschen pflegebedürftig. Diese Tendenz ist ebenso steigend wie die Nachfrage nach professioneller Pflege und Unterstützung. Der demografische Wandel betrifft die Pflege also in doppelter Weise: Mit der Alterung der Bevölkerung steigt die Nachfrage nach professioneller Pflege. Zugleich sinkt aber das Arbeitskräftepotenzial, aus dem der Bedarf nach Pflegefachkräften gedeckt werden kann.

Auf der anderen Seite hat sich die Pflege in den letzten Jahren zunehmend spezialisiert, professionalisiert und akademisiert. Die Pflegeberufe bilden in Deutschland den größten Anteil der Berufe im Gesundheitswesen. Bei der Gesamtzahl der Beschäftigten im Krankenhaus entfielen bislang rund 41 % auf die Pflege und nur zwölf Prozent auf den ärztlichen Dienst.

Trotzdem wird die Pflege seit dem 19. Jahrhundert als Beruf angesehen, der primär der Medizin assistiert und bei dem somit eine starke Dominanz ärztlichen Standesdenkens herrscht. Zweifellos hat die Professionalisierung der Pflege in der Bundesrepublik in den letzten 15 Jahren erhebliche Fortschritte gemacht. Sichtbare Zeichen dafür sind die Einrichtung von mittlerweile circa 50 pflegewissenschaftlichen Studiengängen an Fachhochschulen und Universitäten, die Gründung von pflegewissenschaftlichen Forschungsinstituten, Forschungsverbünden und Doktorandenkollegs sowie strukturelle und inhaltliche Reformen der Pflegeausbildung. Trotz dieser Weichenstellungen lässt sich jedoch feststellen, dass die Professionalisierung noch nicht oder nur in bescheidenem Maße in der beruflichen Praxis angekommen ist. Die Pflege gilt nach wie vor „als ärztlicher Assistenzberuf mit geringen autonomen Handlungsspielräumen und vorwissenschaftlich begründeten Entscheidungen" (vgl. Görres 2009).

An dieser Diagnose hat sich in den letzten Jahren kaum etwas geändert, Pflegefachkräfte, die sich akademisch ausbilden und dabei oftmals, wenn sie bereits fest im Beruf stehen, über Jahre mit hohen Doppelbelastungen konfrontiert werden, stehen einer verschwindend geringen Anzahl passgenauer Stellen im realen Krankenhausbetrieb gegenüber. Wenn sie noch im Krankenhaus tätig sind, arbeiten diese dann oft

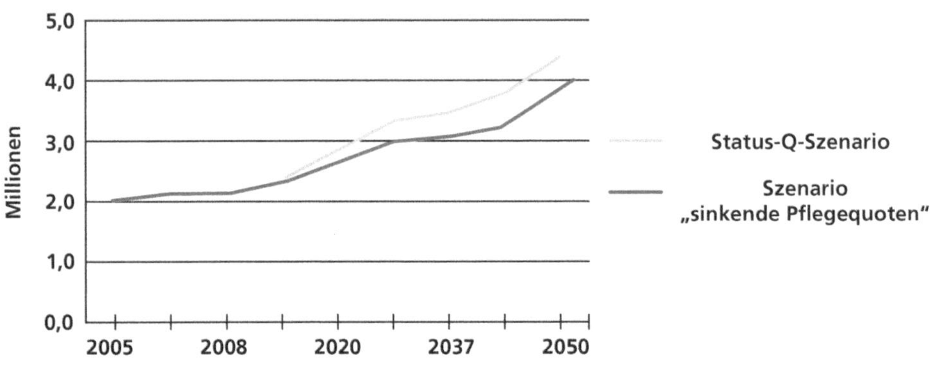

❏ **Abb. 1.4** Prognostizierte Anzahl Pflegebedürftiger 2005–2050

1

nicht mehr direkt am Patientenbett, sondern üben vorwiegend administrative Tätigkeiten aus, was den Mangel der Fachkräfte in der stationären Versorgung nochmals erhöht.

Allerdings wurde der Verbleib der Absolventen, der sogenannten Bachelorpflegenden, am Arbeitsmarkt bisher nur wenig untersucht (Büker und Strupeit 2016). Hinzu kommt, dass deren verändertes und höheres Qualifikationsniveau in Stellenbeschreibungen und Kompetenzprofilen des Pflege- und Gesundheitswesens kaum berücksichtigt wird. Bisher gibt es hierzu lediglich „einige Best-Practice-Beispiele und Modellprojekte, wie Kliniken und Pflegeeinrichtungen Bachelorpflegende in die Organisation und in den Therapie- und Behandlungsprozess integrieren oder integrieren möchten" (Löffert et al. 2012; Jahn und Becker 2014). Diese Situation ist insofern problematisch, als im Ergebnis die akademische Professionalisierung kurzfristig den Mangel an Fachkräften verstärkt und damit zu Qualitätseinbußen führt, auch wenn er langfristig zu begrüßen sein dürfte, weil er perspektivisch gerade der Qualitätssteigerung dienen soll.

Die demografische und standespolitische Entwicklung findet schließlich wiederum vor der Folie eines nachhaltigen generationellen Wandels statt, der in den letzten Jahren zudem die Frage einer generationsbezogenen Führungskultur mit hoher Brisanz stellt. Erstmals arbeiten auf dem deutschen Gesundheitsmarkt vier Generationen mit vollkommen unterschiedlichem Wertegefüge zusammen (Babyboomer, Generation X, Generation Y und Generation Z). Jede Generation hat dabei spezielle Bedürfnisse und Erwartungen an den Arbeitsmarkt und Arbeitgeber. Letztere müssen sich also darauf einstellen, denn sie beschäftigen häufig Mitarbeiter aller Generationen parallel. Hier ist es Aufgabe der „Unternehmensleitung, eine Kultur zu schaffen, die gemeinsame Werte etabliert und festigt. Dies bedeutet nicht, alle persönlichen und individuellen Bedürfnisse zu befriedigen, sondern zwischen den unterschiedlichen Interessen der Generationen eine Balance zu finden." (vgl. Brandstädter und Camphausen 2018b).

1.1.3 Ausmaß und Prognosen des Fachkräftemangels

Die Diagnose steht fest: Durch die weit in die Gesellschaft hineinreichenden Entwicklungen und Arbeitsbedingungen in der Pflege interessieren sich nicht ausreichend junge Menschen für die Berufsgruppen des Altenpflegers und des Gesundheits- und Krankenpflegers. Die Pflegeberufe und realen Arbeitsbedingungen erscheinen den potenziellen Berufseinsteigern und ausgebildeten Professionals offenbar nicht mehr attraktiv genug, sie wandern ab: in die Teilzeit, in die ambulante Pflege oder den Vertrieb von Medizinprodukten, um nur einige Nutznießer der Entwicklung zu nennen. Der designierte Pflegebeauftragte der Bundesregierung, Andreas Westerfellhaus, will Fachkräften erstmals sogar Geldprämien zahlen, wenn sie in ihren Beruf zurückkehrten oder ihre Arbeitszeit spürbar aufstockten.

Wie groß ist der Engpass tatsächlich?

Das ist solide kaum zu prognostizieren. Bereits heute fehlen in allen Pflegeberufen Fachkräfte, auch wenn sich die Situation in der Berufsgruppe der Gesundheits- und Krankenpfleger etwas besser darstellt – hier geht man von einem durchschnittlichen

Berufsausstieg nach sieben Jahren aus – prägen Begriffe wie Pflegenotstand oder Fachkräftemangel die öffentliche Diskussion: Wenn man der Argumentation des Geschäftsführers Bernd Meurer vom Bundesverband privater Anbieter sozialer Dienste folgt (vgl. BPA 2012), kommt auf drei freie Stellen ein Bewerber, was – Stand heute – einen Fachkräftemangel in der Pflege von bis zu 120.000 Personen in der Bundesrepublik Deutschland bedeuten würde.

Der Pflegereport der Bertelsmann Stiftung (Bertelsmann Stiftung 2014) hingegen prognostiziert, dass die Zahl der Pflegebedürftigen bis 2030 um 50 % steigt. Zugleich nimmt die Zahl derjenigen ab, die in der Pflege arbeiten. Demnach werden fast 500.000 Vollzeitkräfte in der Pflege fehlen, wenn sich die derzeitigen Trends fortsetzen. Die Differenz beider Schätzungen zeigt, wie schwer es ist, verlässlich zu prognostizieren. Amtliche Angaben zur Zahl aller nicht besetzten Stellen in den Pflegeberufen liegen allerdings nicht vor. Indizien für bestehende Engpässe können aus der Fachkräfteengpassanalyse der Bundesagentur für Arbeit (BfA 2017) entnommen werden. Stellenangebote für examinierte Altenpflegefachkräfte und -spezialisten sind demnach im Bundesdurchschnitt 171 Tage unbesetzt. Auf 100 gemeldete Stellen (außerhalb der Zeitarbeit) kommen rechnerisch lediglich 29 Arbeitssuchende, was dem oben genannten Verhältnis von eins zu drei entspräche.

Der künftige Personalbedarf in den Pflegeberufen hängt zudem noch von weiteren Faktoren ab, die derzeit schwer zu prognostizieren sind: von der Bevölkerungsentwicklung und der tatsächlichen Pflegefallhäufigkeit, dem zukünftigen Anteil von ambulanter und stationärer Versorgung in der Pflege, dem Verhältnis von Fachkräften zu Hilfskräften, dem Ersatzbedarf durch Ausscheiden aus Altersgründen, den Unterbrechungszeiten beziehungsweise Verweildauer im Beruf, der Entwicklung der Arbeitszeit, aber auch von der Existenz alternativer Unterstützungsangebote sowie möglicher Entlastungen durch den medizinischen und technischen Fortschritt oder durch die Digitalisierung.

Auch die sogenannte Strukturbereinigung und der Abbau stationärer Kapazitäten dürften die Situation mittelfristig wieder entschärfen. Verschiedene Studien lassen darauf schließen, dass die genannten Faktoren eine große Auswirkung auf die tatsächlich zu erwartende Personallücke besitzen können (vgl. Bundesgesundheitsministerium 2018).

1.2 Personalmarketing

1.2.1 Employer Branding – eine Querschnittsaufgabe

Mit den unterschiedlichen Fragen und Aspekten der Anwerbung von Personal sind oftmals nicht nur die Personalabteilung, sondern auch die Pflegedirektion, Bereichsleitungen, Stationsleitungen und die Kommunikationsabteilung betraut, diese Fragen sind also im Blick auf das Budget, die inhaltliche Positionierung und die jeweiligen Maßnahmenbündel eine klassische Querschnittsaufgabe. Dieser interdisziplinäre Ansatz sollte nicht erst bei der direkten Bewerberansprache, sondern schon im Vorfeld im Rahmen des Personalmarketingkonzepts greifen, um die unterschiedlichen Herangehensweisen zu synchronisieren und Rückkopplungseffekte, die für die Positionierung als attraktiver Arbeitgeber enorm schädlich sind, zu vermeiden (**◘** Abb. 1.5 und 1.6). Unternehmensmarke und

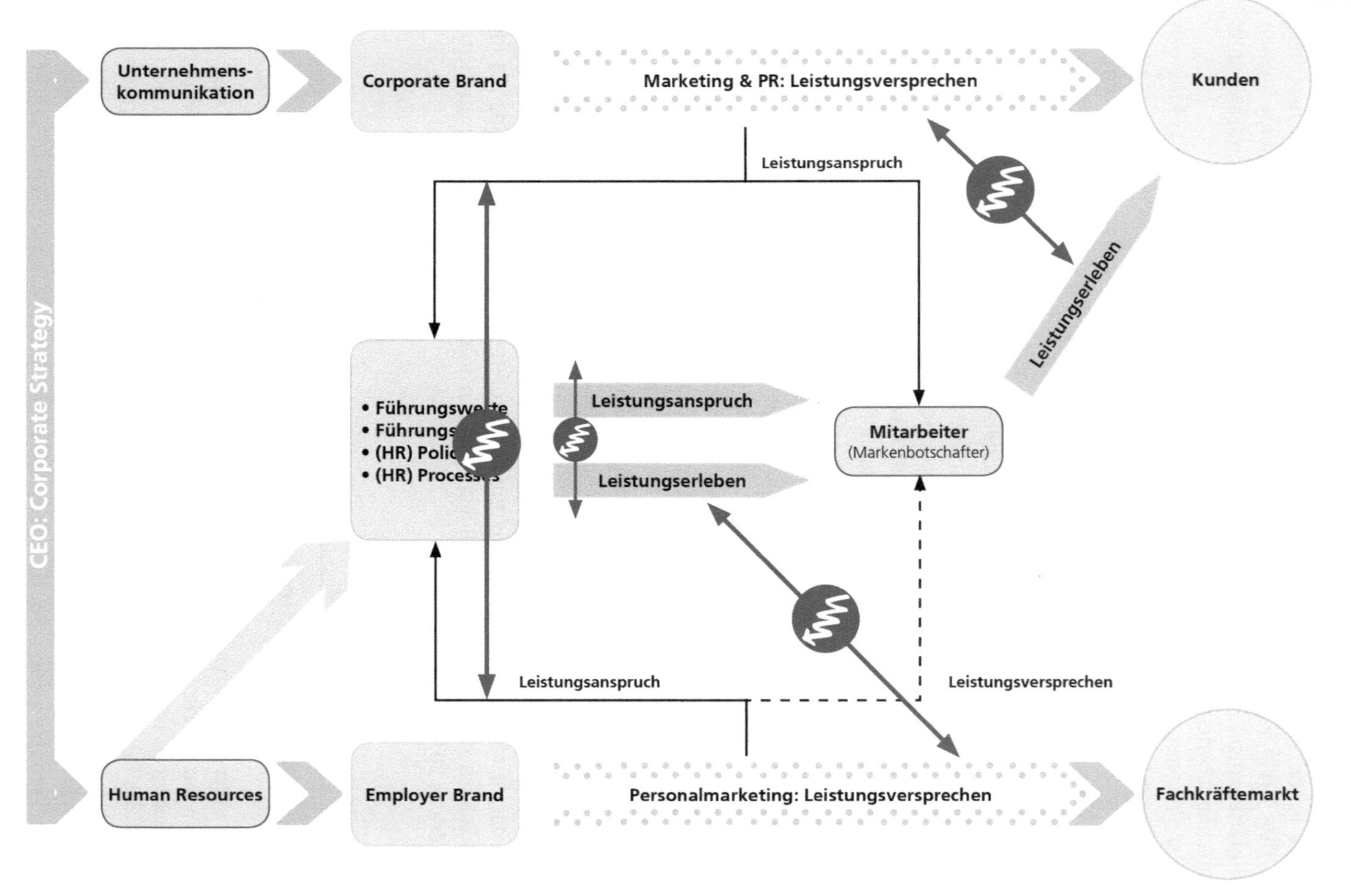

Abb. 1.5 Bestehen von Rückkopplungseffekten bei mangelnder Synchronisation zwischen den beim Personalmarketing beteiligten Abteilungen. (Nach Ullrich 2013)

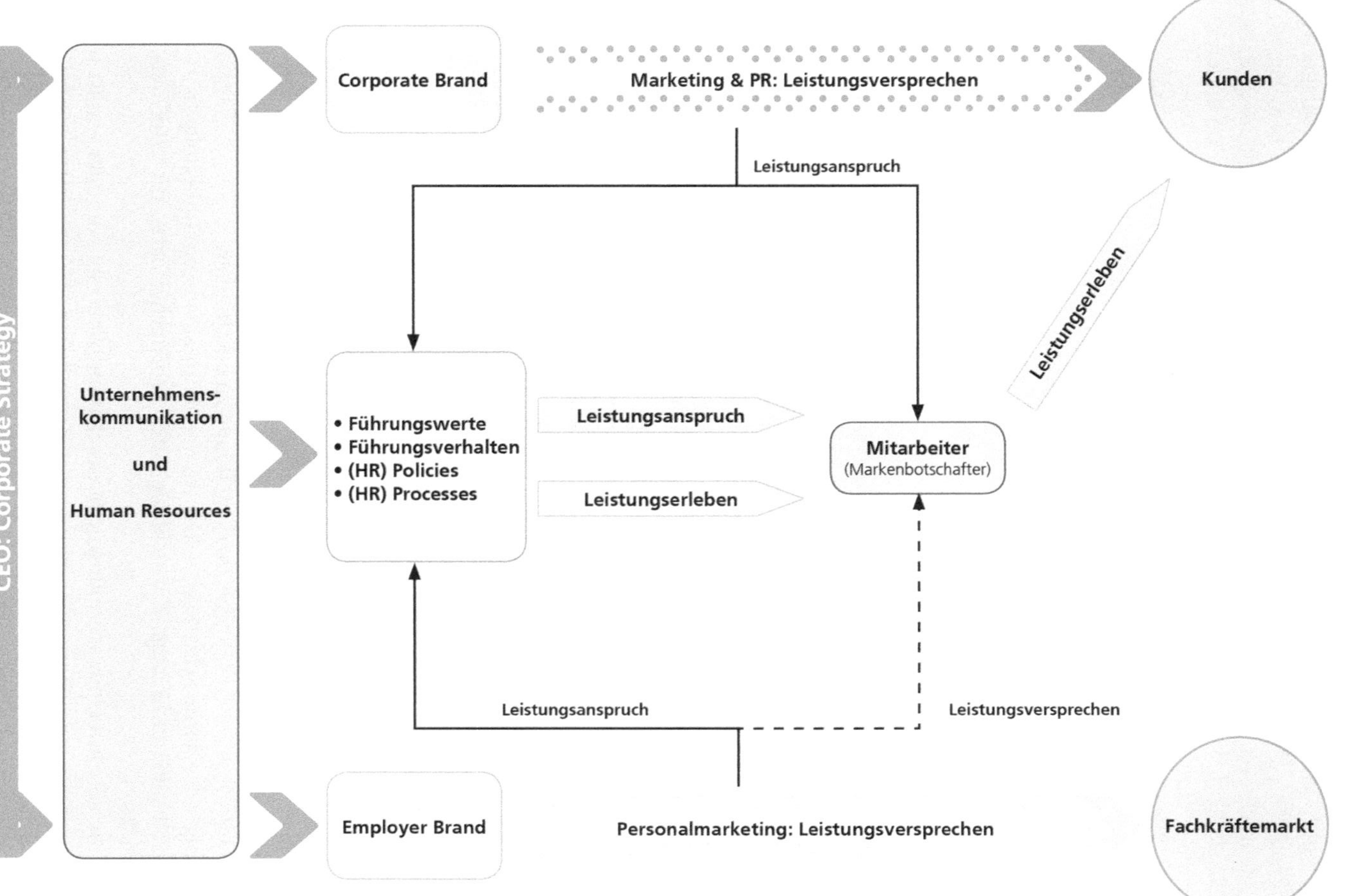

◘ Abb. 1.6 Vermeiden von Rückkopplungseffekten bei mangelnder Synchronisation zwischen den beim Personalmarketing beteiligten Abteilungen. (Nach Ullrich 2013)

Arbeitgebermarke müssen bruchlos zueinander passen, Leistungsanspruch und das Leistungserleben der Patienten und Mitarbeiter müssen im Einklang stehen.

Employer Branding ist in den letzten Jahren zu einem regelrechten Schlagwort der öffentlichen Debatte um den Fachkräftemangel geworden, ohne dass es dabei zu einer deutlicheren Explikation oder Konkretisierung des Begriffs gekommen wäre (Konschak 2014, S. 40 ff.). Unterscheidet sich diese Form des Brandings von anderen Zielgruppen und Märkten? Nein, mit dem Begriff verbindet man in der Regel den Aufbau und Ausbau einer Arbeitgebermarke, genau genommen bezeichnet es aber „ein Konzept, keine Theorie" (Brandstädter/Camphausen 2018b). Es geht „nicht nur darum, eine Organisation als attraktiven Arbeitgeber zu vermarkten, sondern auch darum, die Grundlagen zu legen, ein solcher Arbeitgeber zu werden" (Kanning 2017). Damit ist in erster Linie ein Prozess der Identitäts- und damit der Organisationsentwicklung gemeint, nur am Rande, und vor allem nach außen, ist es ein Prozess des Marketings, insofern kann dieser Prozess als Querschnittsaufgabe definiert werden.

Die Übersetzung des Employer Branding ist gemeinhin der Begriff Arbeitgebermarkenbildung, dabei sollte aber tunlichst berücksichtigt werden, dass dieser Markenbildungsprozess mit der Entwicklung der Unternehmensmarke, der Corporate Brand, harmonisiert werden muss. Beide Aspekte der Markenbildung sollen gekoppelt werden und müssen wechselseitig aufeinander einzahlen, sonst unterminieren sie sich gegenseitig. Die Arbeitgebermarke ist die Darstellung des Unternehmens als attraktiver und glaubwürdiger Arbeitgeber im Markt und in der Branche der Arbeitssuchenden.

Das Employer Branding versucht, das Unternehmen in all seinen positiven Aspekten und seiner Attraktivität nach außen hin zu verkaufen und sich somit ein Standing im Markt zu sichern. Idealtypischer Zustand wäre dabei, dass das Unternehmen eine solche positive Präsenz als Arbeitgeber unter den Jobsuchenden und innerhalb der Beziehungsgeflechte im Markt erlangt, dass eine aktive Mitarbeitersuche seitens des Unternehmens so gut wie überflüssig wird, da die Bewerber von alleine recherchieren, ob es dort ein freies Angebot gibt oder ob sie sich initiativ bewerben. So betrachtet setzt dieser Prozess der Arbeitgebermarkenbildung primär eine interne Konkretisierung der Attraktivitätsfaktoren und des Wertereservoirs des Unternehmens voraus. Er beginnt in der Einrichtung, denn diese muss explizieren und aufzeigen können, „warum sich ein hoch qualifizierter, motivierter Bewerber für einen bestimmten Arbeitgeber interessieren oder gar entscheiden soll statt für einen anderen" (Trost 2013). Neben der Ansprache neuer Mitarbeiter dient dieser Konkretisierungsprozess idealerweise auch der Bindung bestehender Kolleginnen und Kollegen, indem Attraktivitätsressourcen benannt und bewusst gemacht werden. Es gibt verschiedene Wege, den Prozess der Arbeitgebermarkenbildung zu beschreiben.

Die folgenden sechs Schritte aber können als Minimalpensum und erfolgskritische Faktoren für eine nachhaltige Entwicklung einer Arbeitgebermarke gewertet werden (Konschak 2014):

1. **Beginnen Sie mit einer schonungslosen Sachstandsanalyse:** Wer oder was ist Ihr Unternehmen, was können Sie besonders gut, wo haben Sie Schwächen oder einen niedrigen Organisationsgrad? Employer Branding nimmt ihren Ausgangspunkt in der Belegschaft: Es bedarf einer relativ schonungslosen Analyse der Arbeitgebereigenschaften. Hierzu gehören einerseits harte Fakten wie Unternehmensgröße, Marktpositionierung und Unternehmensgeschichte sowie das Geschäftsmodell.

Andererseits sollten die unterschiedlichen Merkmale der jeweiligen Unternehmenskultur einer intensiven Recherche und Diskussion unterzogen werden. Was macht das Unternehmen im täglichen Miteinander aus, wo liegen Stärken und Schwächen im sozialen und produktiven Gefüge?

2. **Befragen oder interviewen Sie Mitarbeiter im Blick auf die offizielle und inoffizielle Unternehmenskultur**: Eine mögliche Quelle für Erkenntnisse und Fakten zur Unternehmenskultur sind Mitarbeiterbefragungen, Workshops oder strukturierte Interviews mit Kolleginnen und Kollegen. Sind leitende Mitarbeiter dafür nur schwer zu gewinnen, ist dies gleichzeitig ein starkes Indiz für eine Führungsschwäche innerhalb der Organisation, denn diese werden auch eine neue Positionierung nur schwerlich im Alltag unterstützen. Welche Messmethode (schriftlich oder mündlich) auch präferiert wird, es ist von entscheidender Bedeutung, den Unterschied zwischen offiziell verordneter und tatsächlicher Unternehmenskultur zu markieren. Wie sollten sich Mitarbeiter offiziell zueinander und zum Patienten verhalten, wie gehen sie tatsächlich miteinander um?

3. **Arbeiten Sie die zentralen Eigenschaften heraus:** Sind die Eigenschaften und Sollbruchstellen bestimmt, gilt es Häufigkeiten und Muster in den Aussagen zu erkennen. Das kann angesichts widersprüchlicher Aussagen ein komplexes Unterfangen sein. Beachten Sie vor allem die Aussagen, die Ihnen glaubhaft und realistisch vorkommen, weniger die Aussagen, die als Wiederholung offizieller Sprachbausteine und gängiger Versatzstücke zu werten sind.

4. **Klären Sie, welche Zielgruppen Sie ansprechen möchten:** Richten Sie sich primär an Berufseinsteiger oder an Fachkräfte? Welches Alter, welchen Bildungsgrad und Abschluss haben Ihre Zielgruppen? Wie hoch ist der Anteil an Männern und Frauen, welche lebensspezifischen Phasen sind für diese kennzeichnend, wie weit reicht der geografische Radius Ihrer Beschäftigten? Was wissen Sie über die Mediennutzungsgewohnheiten dieser Gruppen, wie und mit welcher Frequenz informieren sie sich?

5. **Setzen Sie Filter:** Machen Sie sich erstens bewusst, was Ihre Zielgruppe von Ihnen erwartet. Ihre Positionierung kann nur Erfolg haben, wenn sie sich an den grundlegenden Bedürfnissen ihrer Zielgruppe orientiert. Prüfen Sie, wie sich Ihre Wettbewerber aufstellen und positionieren. Sie werden vor allem dann Erfolg haben, wenn Sie sich sowohl an Ihrer Zielgruppe orientieren als auch von der Konkurrenz im Arbeitgebermarkt abheben.

6. **Definieren Sie eine Soll-Perspektive:** Hier sollten Sie mit Umsicht agieren. Ihre Zielperspektive sollte glaubhaft sein. Erst wenn die einzelnen Aspekte Ihrer Neuausrichtung als Arbeitgebereigenschaft ein von den Mitarbeitern wahrnehmbarer Bestandteil der Unternehmenskultur geworden ist, können Sie mit diesem Personalmarketing betreiben. Zentral ist also die Authentizität der dargestellten Arbeitgebereigenschaften. Das ist vermeintlich leicht gesagt, schließlich wollen Sie ja zeitnah um neue Mitarbeiter werben. Aber agieren Sie dennoch zurückhaltend, denn eine gute Employer Branding-Analyse fokussiert vor allem „etwaige Diskrepanzen zwischen den auf den Websites und auf Postern in schillernden Farben offiziell deklarierten Unternehmenswelten und jenen Werten, die von den Mitarbeitern tatsächlich gelebt werden, die ihr Verhalten und die Kultur des Unternehmens prägen" (Kriegler 2017).

Ihre Arbeitgeberpositionierung sollte also erstens realistisch sein, zweitens im Schnittfeld zwischen Ihren reellen Arbeitgebereigenschaften und den Zielgruppenpräferenzen liegen und drittens nicht eine zu große Schnittmenge mit den Eigenschaften konkurrierender Unternehmen haben. Im Blick auf die Schärfung der Attraktivitätsfaktoren und der darauf aufbauenden Arbeitgeberpositionierung kann man zwei Strategien grundsätzlich unterscheiden (zum Folgenden vgl. Ullrich 2013):

Die marktorientierte Sichtweise der Arbeitgeberattraktivität beurteilt diese aus Perspektive des externen Arbeitsmarkts. Dieser Ansatz ist vergleichbar mit einem empfängerorientierten Denken, die These dabei lautet: Eine positive Beurteilung ist umso wahrscheinlicher, je stärker das wahrgenommene Image der Idealvorstellung potenzieller Mitarbeiter entspricht. Damit steht das Unternehmen implizit vor der Aufgabe, das eigene Wahrnehmungsprofil und die Unternehmensstruktur und -kultur dem Anforderungsprofil des Bewerbers schrittweise anzupassen – es muss sich wandeln, wenn es seine High Potentials finden will (Stritzke 2009). Aber: wandeln wohin? Dieser Ansatz hat nämlich seine Schwächen im Blick auf die subjektive Unausgegorenheit von Idealvorstellungen: Attraktivitätsfaktoren sind eben nicht durchgängig einheitlich, sie sind mehr oder weniger vage. Was unter einer „interessanten Tätigkeit", „einer guten Unternehmenskultur, die zu mir passt", unter einem „guten Führungsstil" oder einem „angemessenen Entgelt" zu verstehen ist, unterliegt faktisch großen Schwankungen und auch ihr jeweiliger Stellenwert in der Entscheidungsmatrix des Bewerbers ist nicht einheitlich zu gewichten. Die Konzentration auf die „externe Arbeitgeberattraktivität" führt zudem oftmals zur Gefahr einer Dissonanz zwischen intern wahrgenommener und extern kommunizierter Attraktivität des Betriebs. Wer sein Unternehmen in zu grellen Farben anpreist, befremdet die eigenen Mitarbeiter, die in ihrem realen Arbeitsalltag bisweilen ganz andere Erfahrungswerte verzeichnen und derlei Kampagnen unter Umständen mit Befremden quittieren. Stehen versprochene Beschäftigungsbedingungen nicht wenigstens näherungsweise im Einklang mit realen Verhältnissen, kommt es zu einer Art Bruch des „psychologischen Vertrags" mit dem Arbeitgeber. Auf diese Weise können Personalkampagnen dann nicht nur nicht nutzen, sich richten betriebsintern bisweilen sogar jede Menge Schaden an.

Die zweite Methode wählt einen umgekehrten Weg: Die ressourcenorientierte Sichtweise der Arbeitgeberattraktivität ermittelt diese Attraktivitätsfaktoren aus der Perspektive des internen Arbeitsmarkts. Leitende These dabei: Jedes Unternehmen verfügt aus dieser Sicht über Attraktivitätsressourcen, die explizit gemacht und kommuniziert werden können, schließlich hat es ja Mitarbeiter, die bislang erfolgreich den Weg ins Unternehmen gefunden haben. Diese stillen Reservoirs sind den Unternehmen oftmals nicht bewusst oder explizit ausformuliert, da sie das Ergebnis einer historischen Entwicklung des Unternehmens oder einer besonderen Betriebskultur sind. Erfolgsrelevant im Blick auf das Recruiting sind dann vor allem solche Ressourcen, die dem Unternehmen einen spezifischen Wettbewerbsvorteil gegenüber der Konkurrenz im Bewerbermarkt ermöglichen. Dafür eignet sich aber nicht jede Eigenschaft der Betriebskultur: Dies ist nur gegeben, wenn diese Aspekte relevant, unternehmensspezifisch und dauerhaft wirksam sind und von den Mitarbeitern auch als solche wahrgenommen werden. Für diesen Ansatz, der eben nicht Gefahr läuft, die oben beschriebenen Dissonanzen zu erzeugen, halten auch Mitarbeiterbefragungen oder Interviews wertvolle Indizien für die Positionierung im Markt bereit.

Beide Methoden lassen sich in der Praxis auch entsprechend kombinieren: Der pragmatische Ansatz geht von der ressourcenbasierten Perspektive aus und fragt danach, welche der eigenen Stärken (Ressourcen) für die potenziellen Arbeitnehmer relevant sind und prüft, inwieweit die eigene Organisation die für die Bewerber darüber hinausgehenden relevanten Kriterien (marktorientierte Perspektive) erbringen oder kompensieren kann (Organisationsentwicklung).

Wie lautet das Fazit?

Employer Branding zeichnet sich also durch ein behutsames Vermitteln zwischen der internen und externen Perspektive, zwischen der Soll- und Ist-Situation aus. Gelingt dies im Rahmen der beschriebenen Schrittfolge, ist damit zugleich „die Basis für die positionierungsgerichtete Entwicklung des Arbeitgeberimages" gelegt (Stotz und Wedel-Klein 2013). An dieser Stelle sei noch einmal betont, dass es nicht zielführend ist, nach außen zu kommunizieren, was nicht in einem Prozess mit den Mitarbeitenden diagnostiziert und konsentiert wurde: „Ansonsten kommen Organisationen in die Verlegenheit, Botschaften nach draußen zu geben, die nicht dem Arbeitsalltag entsprechen – mit der Folge, dass Arbeitgeberversprechen (Employer Value Proposition, EVP) nicht haltbar sind und über das Employer Branding rekrutierte, neue Mitarbeiter nach kurzer Zeit eine Organisation wieder verlassen, weil die Botschaften nicht der Wirklichkeit entsprechen. Gleichzeitig führen nicht haltbare Botschaften dazu, dass auch in einer Organisation Beschäftigte in ihrer Loyalität dem Arbeitgeber gegenüber mindestens herausgefordert, wenn nicht verärgert oder frustriert werden." (Brandstädter und Camphausen 2018b). Für den Prozess der Arbeitgebermarkenbildung spielen die Führungskräfte wiederum eine erfolgskritische Rolle: Sie müssen das aus der Positionierung abgeleitete Leistungsversprechen nach innen wie außen konsistent vermitteln und im Arbeitsalltag leben. Das wird umso besser funktionieren, wenn Geschäftsführung, Führungskräfte und Mitarbeiter gleichermaßen zuvor intensiv in den Prozess einbezogen wurden.

1.2.2 Methodik und Arbeitsweise des Personalmarketings

Marketing gehorcht in sämtlichen Disziplinen und Anwendungsbereichen den gleichen Prinzipien und Gesetzmäßigkeiten. Personalmarketing ist dabei in vielen Krankenhäusern und Sozialeinrichtungen noch relativ jung – genauso wie das Produktmarketing selbst. Ersteres verfügt aber vor allem in Zeiten des Fachkräftemangels in der Regel über deutlich mehr Budget. Der Umstand, dass Personal- und Produktmarketing im Gesundheitswesen noch vergleichsweise dürftig aufgestellt sind, liegt wiederum im Finanzierungssystem begründet. In den Jahren nach der DRG-Einführung hatten Krankenhäuser oftmals einen Sonderstatus in Sachen Öffentlichkeitsarbeit für sich reklamiert. Als Institutionen der Daseinsvorsorge seien sie grundsätzlich nicht mit erlösorientierten Unternehmungen oder industriellen Maßstäben zu vergleichen oder zu fassen (Brandstädter und Camphausen 2018a; Hildebrand 2016). Abteilungen für Kundenakquise oder Betreuung, so hieß es von dieser Warte aus, seien strukturell verfehlt, da sie Ressourcen, die für eine nachhaltige Medizinversorgung nötig sind, unzulässig blockierten.

Einer Studie der Personalberatung Rochus Mummert zufolge legte 2012 nicht einmal die Hälfte der Klinikchefs in Deutschland besonderen Wert darauf, das eigene Haus professionell (also mit Fachkräften und eigens hierfür bestimmtem Budget) zu vermarkten (Rochus Mummert 2012). Nur 48 % der Befragten stuften Marketing und Vertrieb für ihre Heilstätte als „sehr wichtig" oder „wichtig" ein. Krankenhäuser öffentlicher und freigemeinnütziger Träger hinkten in dieser Hinsicht den Privatkliniken sogar deutlich hinterher. Aber wie sähe demgegenüber ein systematisches Marketing aus? In Anlehnung an Meffert et al. (2008, S. 12) lässt sich Marketing sowohl als eine Funktion oder ein Prozess bestimmen, die beziehungsweise der das Ziel hat, Mehrwert für die Zielgruppen des Unternehmens (Patienten oder eben Bewerber der Klinik), zu schaffen, diesen zu kommunizieren und sicherzustellen sowie die Beziehung zur Zielgruppe derart zu gestalten, dass die Organisation und ihre Stakeholder (Anspruchsgruppen) davon nachhaltig profitieren.

Etwas einfacher und weniger gewunden ausgedrückt: Marketing heißt im Blick auf unsere Fachkräfte herauszufinden, was man systematisch unternehmen muss, um ein Krankenhaus am Bewerbermarkt erfolgreich zu platzieren und entsprechend zu handeln. Dazu ist nicht nur in einem Stammkundenmarkt eine dauerhafte Beziehung zum Kunden von Vorteil, auch die Berufsgruppe der Pflegenden ist im Vergleich zu anderen Gruppen im Gesundheitsmarkt verhältnismäßig immobil und regional bezogen, ein Stammkundenmarkt besteht also auch im Bereich des Fachkräftemarkts in diesem Segment.

Positionierung

Der erste Schritt im Klinikmarketing ist die Frage „Was ist unser Produktportfolio?" und „Was ist unser Markt?" und so fußt auch das Personalmarketing wie beschrieben auf der glaubhaften Unternehmensstrategie und -positionierung (vgl. zum Folgenden Brandstädter und Ullrich 2012). Ein konfessioneller Grund- und Regelversorger, eine private Fachklinik für Gefäßchirurgie oder eine Uniklinik werden zu ganz unterschiedlichen Vorzügen und Nachteilen im Rahmen ihrer Stärken- und Schwächenanalyse kommen. Relevant ist, dass eine eindeutige und unverwechselbare Profilierung erfolgt, die entsprechend belastbar ist.

Ebenso wenig wie eine moderne, wirtschaftlich erfolgreiche Klinik in aller Regel nicht das gesamte Portfolio der Medizin abbilden kann, kann eine Klinik im Bewerbermarkt nicht alle Vorzüge und Präferenzen der Arbeitnehmer erfüllen. Der Hochleistungsmedizin und öffentlichen Sichtbarkeit einer Uniklinik stehen in der Regel innerhalb der Institution eine Unübersichtlichkeit, eine gewisse Anonymität, ein hoher Fallschweregrad und eine entsprechende Arbeitsbelastung gegenüber. Der kirchliche Grund- und Regelversorger ist demgegenüber vielleicht familiärer und übersichtlicher, hat aber mit der Schwierigkeit zu kämpfen, sich nachhaltig im Markt zu behaupten und konfessionelles Personal zu finden. Eine Klinik sollte ihr Profil auch nicht vordringlich nach zufälligen oder bloßen historischen Gesichtspunkten entwickeln. Das Arbeitgeberprofil ist vielmehr ebenso wie das Leistungsportfolio Produkt bewusster Planung und strategischer Entwicklung. Den Ausgangspunkt für diesen Prozess bilden die Fragen: „Was machen wir besser beziehungsweise schlechter als andere?" oder „Warum konnten wir in der Vergangenheit gutes Fachpersonal akquirieren oder nun eben nicht mehr?", deren Beantwortung zur intensiven Beschäftigung mit den Stärken und Schwächen der Klinik zwingt. Neben der Beschäftigung mit den Vorzügen und Nachteilen des Arbeitgebers sind jedoch auch weitere Faktoren für die Fokussierung zu berücksichtigen: Zur Analyse etwaiger Umfeldfaktoren hat sich die sogenannte PEST-Analyse bewährt (vgl. ebd.). Die PEST-Analyse ist eine Methode für die Markt- und Marktchancenanalyse im Rahmen der strategischen Planung. Sie bietet die Möglichkeit, von außen auf das Unternehmen und sein Umfeld zu schauen. Das externe Umfeld wird auf politische, wirtschaftliche, soziokulturelle und technologische Einflussfaktoren untersucht (◘ Abb. 1.7).

Die PEST-Analyse wird oft mithilfe der Brainstorming-Technik durchgeführt und bietet eine Betrachtungsperspektive von der Umwelt auf das Unternehmen, im Gegensatz zur SWOT-Analyse mit der Perspektive vom Unternehmen auf die Umwelt. Für jede der vier oben genannten Einflussfaktoren sollten bei der PEST-Analyse die folgenden Fragen gestellt werden: Welche zukünftigen Trends könnten das Nachfrageverhalten verändern und wann wird hierfür der Zeitpunkt sein? Welche zukünftigen Trends könnten das Marktverhalten beeinflussen und zu welchem Zeitpunkt könnte dies eintreten? Welche zukünftigen Trends könnten das Verhalten unserer Wettbewerber beeinflussen und zu welchem Zeitpunkt könnte dies geschehen? Vor dem Hintergrund der oben genannten politischen Debatten rund um den Pflegemangel, den demografischen Wandel, die Professionalisierung und Akademisierung der Pflege sowie den Werte- und Generationenwandel bis hin zur Digitalisierung sind gleich diverse Trends gegeben, die das Umfeld von Krankenhäusern und Pflegeeinrichtungen erheblichen Veränderungen unterziehen.

◘ Abb. 1.7 PEST-Analyse im Blick auf die Umfeldfaktoren des Fachkräftemarkts. (eigene Darstellung)

1

Screening und Signaling

Ein Effekt der Liberalisierung des Gesundheitsmarkts ist schließlich auch die Wandlung der Pflegefachkraft zum Arbeitnehmer in einem kompetitiven Wettbewerb um High Potentials. Wenn sich einzelne Institutionen und Häuser im Markt voneinander unterscheidbar gestalten und werben, wird die Fachkraft automatisch intensiver Angebote der Arbeitgeber vergleichen und auf ihre Passgenauigkeit zu eigenen Wünschen und Vorstellungen abgleichen sowie auf ihre Stichhaltigkeit prüfen. Aktuelle und potenzielle Mitarbeiter wandeln sich damit irreversibel in ihrer Anspruchshaltung – ein Effekt, der durch nachkommende Generationen, die nie einen anderen Markt erlebt haben, noch einmal deutlich verstärkt werden dürfte. Krankenhäuser müssen zwangsläufig in immer ausgefeiltere Marken- und Marketingstrategien investieren. Leistungen, die ein Arbeitgeber bietet, sind dabei Güter einer Erfahrungs- und Suchleistung gleichermaßen (vgl. Brandstädter und Ullrich 2012, S. 25 f.). Erfahrungsleistungen (vgl. Nelson 1970) sind Leistungen, die der Arbeitnehmer erst beurteilen kann, wenn die Leistung erbracht ist. Suchleistungen beziehungsweise -güter (Brandstädter und Ullrich 2012 ebd.) lassen sich schließlich hingegen bereits vor dem Kauf beziehungsweise vor Inanspruchnahme der Leistungen ohne größeren Aufwand objektiv beurteilen und vergleichen.

Nun aber gilt: Jede Entscheidung oder Wahl ist aus Sicht des Leitungsbeziehers immer mit Risiken, Unsicherheit und entsprechenden Opportunitätskosten verbunden (Recherche, Vergleich der Leistungen, Inkaufnahme von Unsicherheit und Zweifeln, Verlust des ehemaligen Arbeitgebers und vertrauter Kollegen, Probezeit und möglicher Karriereknick etc.). Arbeitnehmer wollen die Unsicherheit, die sich aus den Erfahrungseigenschaften der Arbeitgeberleistungen begründet, reduzieren und sich nicht allein auf die Aussagen der jeweiligen Klinik verlassen – umso mehr, je höher ihr Involvement ist. Von Involvement (ebd.) spricht man, wenn der Bezieher einer Leistung empfindet, dass ein Produkt etwas mit dem Konsumenten selbst und dessen Subjekt zu tun hat, dass eine Bezugnahme der Leistung (sprich: ein Arbeitgeberwechsel oder die erste Berufswahl) also eine spürbare Auswirkung auf den Stellensuchenden zur Folge hat. Involvement kennzeichnet das Engagement, mit dem sich Konsumenten aber auch Bewerber einem Angebot zuwenden – und das ist gerade im Blick auf die Wahl eines Arbeitgebers besonders hoch ausgeprägt. Daher suchen Bewerber gezielt nach Informationen (Screening), um ein richtiges Urteil zu fällen, die richtige Entscheidung treffen zu können. Was folgt aus diesem Umstand? Der Bewerber, die Fachkraft screent nicht nur die Umwelt gezielt bei der Wahl einer Klinik, um die Unsicherheit, die sich aus den Erfahrungseigenschaften von Arbeitgeberleistungen begründet, maximal zu reduzieren, sondern Marketing erfüllt dabei im Kern auch die Funktion des Signaling: Es reduziert für den potenziellen Mitarbeiter die Komplexität durch emotionalen und rationalen Aufbau von Vertrauen (vgl. ferner Darby und Karni 1973). Damit wandelt sich die Rolle der Öffentlichkeitsarbeiter und Personalverantwortlichen fundamental. Sie müssen als Marketer agieren und haben die primäre Aufgabe, herauszufinden, was sie tun müssen, um ihre Einrichtung optimal am Markt zu platzieren und entsprechend zu handeln (ebd.).

Schrittweise Implementierung eines Personalmarketings

Für die Ausgestaltung jedweder Marketingaktivitäten sind stets konkrete markterfolgs-bezogene Ziele notwendig. Diese Kennzahlen sollten „smart sein – *s*peziell, *m*essbar, *a*mbitioniert, *r*ealistisch und *t*erminiert" (Brandstädter und Ullrich 2012, S. 33).

Für das Aufsetzen eines Personalmarketings kommen gleich eine Reihe an Indikatoren in Betracht: Zahl der Bewerber, Zahl der tatsächlichen Einstellungen, Zeitraum zwischen Bewerbung und Einstellung, Zahl der Absagen, etc. Zur Konkretisierung empfiehlt es sich, diese Kennzahlen jeweils pro Betriebsabschnitt und Bereich zu benchmarken. Sind diese Zahlen im Ist bekannt, werden dann im Soll ausgehend von der markterfolgsbezogenen Zielsetzung erreichbare, spezifische Marketingziele festgelegt. Sie definieren, welche Problemstellung kommunikativ in den Fokus gerückt werden sollte, damit sich der Markterfolg auch einstellt, etwa: Um wie viel Prozent sollten die Bewerbungen pro Abteilung gesteigert werden, wie viele Einstellungen sollen in absoluten Zahlen generiert werden? Marketingkommunikation verfolgt dabei konkret vier unterschiedliche Ziele, die aufbauend in wechselseitigem Bezug stehen (ebd.):
1. die Bekanntheit steigern, d. h. bei einer bestimmten Zielgruppe erreichen, dass diese grundsätzlich weiß, dass es ein Angebot gibt,
2. das Image beeinflussen, d. h. das subjektive Bild, das die Zielgruppe von dem Kommunikationsobjekt hat, prägen,
3. die Einstellungen beeinflussen, d. h. die Sichtweise einer Zielgruppe gegenüber dem Angebot profilieren,
4. Verhalten beeinflussen oder auslösen, d. h. eine Verhaltensabsicht und konkretes Verhalten im Sinne der Marketingabsicht auslösen, z. B. die tatsächliche Wahl einer Klinik oder einer Abteilung als neuen Arbeitsplatz.

Diese Schrittfolge wird dann durch die Entwicklung einzelner Maßnahmen umgesetzt. Diese stehen jedoch nicht isoliert, sondern sollten in wechselseitiger Verschränkung zueinander möglichst wirksam und effizient (also mit möglichst geringem Mitteleinsatz) arbeiten und wirken. Der übergeordnete Plan dafür wird als Marketingstrategie bezeichnet (vgl. u. a. Brandstädter und Ullrich 2012; Meffert et al. 2008, S. 282). Diese bezeichnet ein langfristig ausgerichtetes, planvolles Vorgehen zur Realisierung der Marketingziele und umfasst in der Regel die Festlegung des Kommunikationsobjekts, der Zielgruppen, der Kernbotschaft(en), des Maßnahmenkonzepts, der zeitlichen Verteilung der Maßnahmen und des Budgetplans.

Um die Zielgruppen und deren Mediennutzungsgewohnheiten strukturiert zu erfassen, bietet sich der Nachfolger der Verbraucheranalyse an: Die Gesellschaft für integrierte Kommunikationsforschung, kurz GIK, ist ein Gemeinschaftsunternehmen der fünf großen Medienhäuser Axel Springer SE, Bauer Media Group, Funke Mediengruppe, Gruner + Jahr GmbH & Co KG und Hubert Burda Media. Gemeinsam betreiben sie Markt-Media-Studien, um Kunden und Marktpartnern Daten für ihre Werbeplanung zur Verfügung zu stellen. Die GIK stellt für die gewerbliche Nutzung gegen Entgelt zwei crossmediale Markt-Media-Studien zur Verfügung, um den Einsatz von Werbemitteln zu evaluieren: best for planning (b4p) hilft vorab bei der Auswahl der richtigen Kommunikationswege, wohingegen best for tracking (b4t) im Nachhinein auswertet, wie effizient diese eingesetzt wurden. Unterstützung kann man sich innerhalb der GIK auch durch Mediakompass holen – ein Tool, das zeigt, in welchen

Mediengattungen oder deren Untergruppen sich bestimmte Zielgruppen konzentrieren, um auf diese Weise die strategische Planung wirkungsvoll zu unterstützen. Das Instrument funktioniert nach Aussage der GIK möglichst einfach und bietet die relevanten Informationen in einer einzigen Maßzahl, dies aber trotzdem mit der erforderlichen Tiefe. Mediakompass-Auswertungen sind tatsächlich geeignet, einen schnellen Überblick darüber zu geben, welche Medienarten eine zuvor möglichst genau umrissene Zielgruppe (etwa anhand der Kriterien Alter, Bildungsgrad, Geschlecht, Region) eher häufig oder eher weniger häufig ansprechen: Vergleicht man den durchschnittlichen Kompasswert in der betrachteten Zielgruppe mit dem der Grundgesamtheit oder mit dem in einer Vergleichszielgruppe, erhält man über alle Gattungen und deren Untergruppen ein aussagekräftiges Media-Nutzungsprofil.

Nach den Zielgruppen gilt es, die Botschaften eingängig zu formulieren (Meffert 2008, S. 737 ff.): Die unterschiedlichen Botschaften werden dabei zunächst in Form einer Pyramide hierarchisiert. Diese zentralen Botschaften, aus der sich die sekundären ableiten, werden auch als Unique Communication Proposition (UCP) oder einfacher als Positionierung bezeichnet und stellen das Image dar, das die jeweiligen Zielgruppen von dem betreffenden Unternehmen möglichst haben sollen – oftmals auch als Claims und Nutzenversprechen auf den Punkt gebracht. Ergänzt und für die Kommunikation weiter konkretisiert wird die differenzierende Kernbotschaft in der „Copy-Strategie" (◘ Abb. 1.8). Sie umfasst neben der Kernbotschaft selbst den Benefit (Leistungsversprechen in rationaler oder emotionaler Färbung), den Reason Why (einen argumentativen Beleg des Benefits) und eine Vorgabe der Tonality (Festlegung der Art und Weise der Zielgruppenansprache) (vgl. Brandstädter und Ullrich 2012).

Darüber hinaus muss die Botschaft derart gestaltet werden, dass sie die Aufmerksamkeit der Zielgruppe und eine persönliche Relevanz herstellen kann. Je nach Marketingziel (Bekanntheit, Image, Einstellung, Verhalten) und Zielgruppe eignen sich unterschiedliche Kommunikationsinstrumente mehr oder weniger gut. Mit der Jahresplanung wird dann detailliert aufgeplant, wann welche der Maßnahmen der Marketingkommunikation in welcher Intensität durchgeführt werden. Dabei ist darauf zu achten, dass die Kommunikation crossmedial, d. h. medienübergreifend verbunden

◘ **Abb. 1.8**   Copy-Strategie zur Entwicklung einer werbewirksamen Ansprache

ist und idealerweise im wechselseitigen Bezug zueinanderstehen. Die einzelnen Maßnahmen sollen also inhaltlich und in der zeitlichen Staffelung aufeinander einzahlen. Auf diese Weise lassen sich die Stärken der verschiedenen Instrumente effektiv kombinieren und durch einen geeigneten Instrumenten-Mix eine höhere Aufmerksamkeit und eine höhere Wirkung erreichen.

Eine effiziente Personalmarketingkommunikation im Krankenhaus wird sich nie auf einen, sondern in der Regel stets auf einen Mix aus mindestens drei oder vier verschiedenen größeren Kanälen stützen, nicht zuletzt, weil die Zielgruppe Pflegefachkräfte aus verschiedenen Gruppen mit unterschiedlichen Mediennutzungsgewohnheiten besteht, die ein systematisches Vorgehen jeweils im Blick behalten muss. Sie muss also auf crossmediale Kommunikation setzen und wird zudem versuchen, die Themen der internen und externen Kommunikation weitgehend zu verschränken. Viele Themen lassen sich aus unterschiedlicher Perspektive betrachtet mit begrenztem Aufwand für mehrere Ziel- und Anspruchsgruppen parallel aufbereiten. Das spart nicht nur Ressourcen im Rahmen der Themensuche und -aufbereitung, sondern synchronisiert zugleich die interne und externe Informationskaskade des Hauses. Im Blick auf die Frequenz der Marketingkommunikation im zeitlichen Verlauf lassen sich verschiedene Strategien unterscheiden, die dem Kampagnenmarketing eine jeweils eigene Färbung und dramatische Gestaltung geben können (◻ Abb. 1.9).

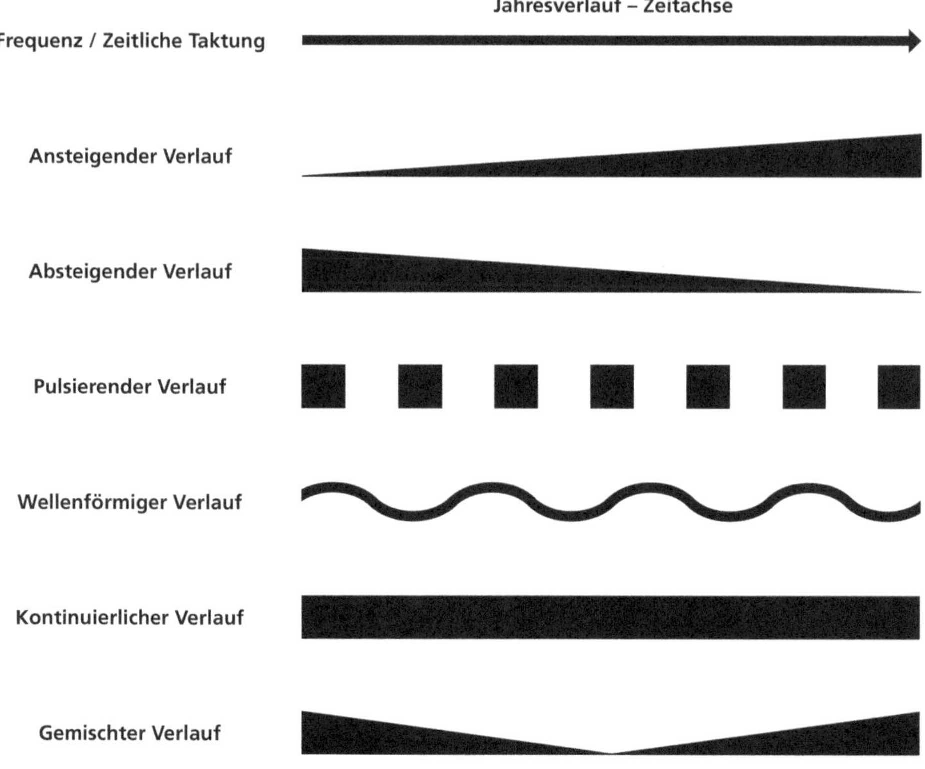

◻ **Abb. 1.9** Zeitliche Akzentsetzung der Marketingkommunikation. (Nach Brandstädter und Ullrich 2012)

Der Modus der Ansprache lässt sich auch speziell auf die Zielgruppe abstimmen. Hier lassen sich folgende Techniken unterscheiden: Personalisierung fokussiert einzelne Persönlichkeiten des Unternehmens oder sogar des öffentlichen Lebens (Prominente, lokale Persönlichkeiten), über die vermittelt die Copy-Strategie detailliert gespiegelt werden kann. Emotionalisierung setzt hingegen auf die gefühlsweltlichen Aspekte der Botschaft, Rationalisierung wiederum fokussiert den faktischen Gehalt des Arbeitgeberversprechens, etwa durch Betonung eines krisenfesten und perspektivenreichen Arbeitsplatzes. Auch durch die Einstellung der Fokalisierung kann beispielsweise eine einzelne Abteilung des Unternehmens (die Notaufnahme, der OP) ins Zentrum der Aufmerksamkeit gestellt oder eine ganze Berufsgruppe (die Pflege) in den Fokus genommen werden. Der Übergang zur Politisierung (ein Sprechen für die Berufsgruppe der Pflege insgesamt) ist in diesem Fall oftmals fließend.

Dieses Vorgehen in Gänze benötigt zeitliche und personelle Ressourcen. Ein zuvor festgelegtes Recruiting-Budget hilft nicht nur, die Kosten im Blick zu behalten, sondern ist maßgeblich für die Effizienzkontrolle und den diachronen Vergleich zum Vorjahr. Konnten mit denselben Mitteln mehr oder weniger Bewerber angeworben, Einstellungen vollzogen werden? Welche Teilbereiche innerhalb des Budgets sind besonders kostenintensiv, wie sind diese auf ihre Effizienz und Effektivität hin zu bewerten? Und schließlich: Wie hoch waren die Personalmarketingkosten pro Bewerber und vollzogener Einstellung? Die Kosten werden dabei in einer Kreuztabelle jeweils pro Maßnahme (linke Spalte beziehungsweise Skala) und Monat (rechte Zeile, rechte Skala) aufgeführt, hinsichtlich der Brutto- und Nettokosten aufgeschlüsselt und summiert (Meffert 2008, S. 738).

1.2.3 Der Bewerbungsprozess

Die Kundenreise (Customer Journey) ist ein Instrument zur detaillierten Beschreibung einzelner Zyklen, die ein Kunde während eines Entscheidungsprozesses durchläuft. Sie basiert auf einem zuvor definierten Typus einer Zielgruppe. Mit einer detaillierten Customer Journey werden die unterschiedlichen Phasen identifiziert, die Kunden durchlaufen (Informationsphase – Vorkaufsphase – Kaufphase – Nachkaufsphase). Mit ihr werden die wichtigsten Kontaktpunkte und Momente der Kundenentscheidung ermittelt. Wichtig dabei ist, dass das Unternehmen stets aus Sicht der Kunden denkt. Im besten Fall wird die Customer Journey mit echten Kunden erarbeitet. Was für den Kundenmarkt gilt, hat auch für den Bewerbermarkt seine volle Berechtigung. Das über Jahrzehnte gültige lineare Verfahren vom Bewerber über die Stellenanzeige zum Vorstellungsgespräch funktioniert in Zeiten der heutigen medialen Möglichkeiten nicht mehr. Potenzielle Bewerber kommunizieren heute anders und erwarten unterschiedliche Möglichkeiten sich zu bewerben (◘ Abb. 1.10), allein die vielfältigen Karriere-Events (Branchenmessen, Bewerbertage, Speed-Dating) sorgen für niederschwellige Kontaktmöglichkeiten unterhalb des regulären Bewerbungsgesprächs. Wünschenswert für die Bewerberreise ist eine ganzheitliche Strategie, die die einzelnen Kontaktpunkte sinnvoll umfasst. Daraus lassen sich die Schwerpunkte für die unterschiedlichen Bewerberzielgruppen festlegen. Je nach Alter, Karriereziel, Ausbildung, Geschlecht und Region kommen die Kontaktpunkte unterschiedlich zum

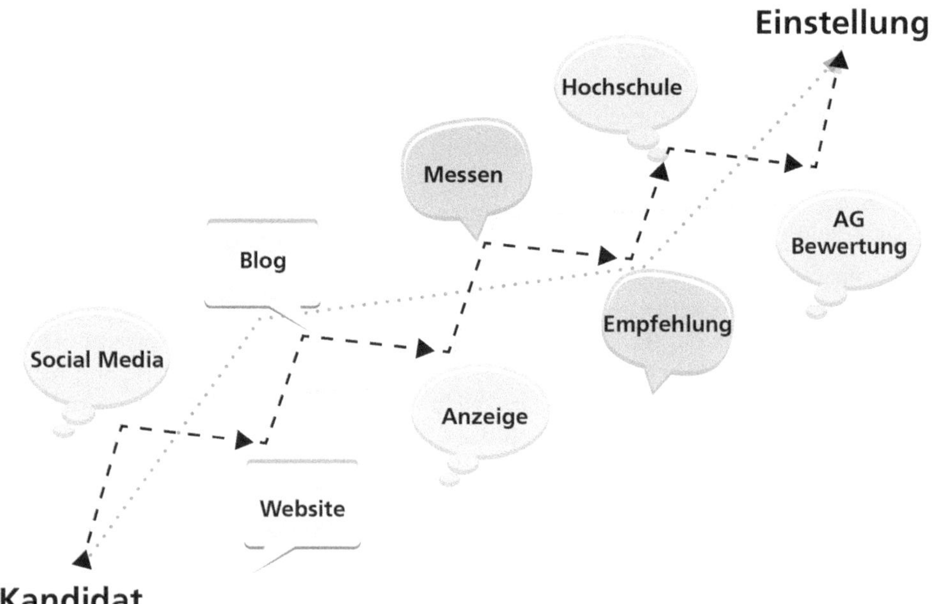

◨ Abb. 1.10 Nicht-lineare Bewerberreise: Mögliche Stationen von Bewerbern bis zur Einstellung. (AG=Arbeitgeberbewertung)

Tragen. Zentral dabei sind Recruiting-Touchpoints – das sind Berührungspunkte oder Haltestellen, die ein potenzieller Bewerber mit einem möglichen Arbeitgeber absolviert. Diese Touchpoints können den Eindruck, den ein Jobsuchender von einem Unternehmen bekommt, positiv oder negativ prägen. In Zeiten von Wettbewerben zwischen Arbeitgebern um die besten Kandidaten, müssen vor allem Recruiter als primärer Ansprechpartner gute Verkäufer sein. Sie müssen dem Bewerber das Unternehmen schmackhaft machen. Ziel eines Recruiters muss immer sein, beim Kandidaten einen begeisterten Eindruck zu hinterlassen. Nur ein einziger misslungener Touchpoint kann schon zur Enttäuschung beziehungsweise zum Desinteresse des Jobsuchenden führen. Daher empfiehlt es sich, sämtliche mögliche Recruiting-Touchpoints genau zu analysieren, etwa durch eine Stärken-Schwächen- und Chancen-Risiken-Analyse. Wichtig ist dabei immer, dass Recruiter lernen, einen Bewerbungsprozess vom Anfang, also vom ersten Kontakt mit dem Unternehmen, bis zum Ende, also bis zur Neueinstellung beziehungsweise zur Absage, aus der Bewerberperspektive zu sehen. Dadurch kann auch frühzeitiges Abspringen von talentierten Bewerbern rechtzeitig vermieden werden.

Zentral ist also der Organisationsgrad: Wechselnde Ansprechpartner, mangelnde Abstimmung, schlechte Information, unklare Entscheidungsketten oder schlicht mangelndes Tempo rücken den Arbeitgeber grundsätzlich in ein schlechtes Bild und machen eine erfolgreiche Einstellung unwahrscheinlicher – auch wenn das Marketing vorher gut funktioniert und eine Ansprache der Fachkraft überhaupt erst ermöglicht hat. Tempo, Organisationsgrad, Service und die Summe der an der Einstellungsentscheidung beteiligten Führungskräfte gilt es daher in einem ausgewogenen Verhältnis zu halten. Bisweilen ist es in der Pflege üblich, einen Probearbeitstag zu vereinbaren oder vor der Einstellung einer Fachkraft Assessment-Instrumente einzusetzen, um den Bewerber möglichst objektiv zu beurteilen. Die Art und Funktion der Aufgaben, die Anzahl der Teilnehmer und die Dauer des Assessment-Centers sind je nach Unternehmen und der zu besetzenden Stelle unterschiedlich. Es kann einige Stunden, aber ebenso bis zu drei Tage dauern. Assessment-Center werden hauptsächlich in größeren Unternehmen und Konzernen eingesetzt. Einer der wichtigsten Gründe dafür ist der relativ hohe Kostenaufwand. Eine Vorauswahl durch ein Online-Assessment-Center ist besonders bei einer hohen Bewerberzahl sinnvoll, in Branchen mit Fachkräftemangel hingegen eher begründungsbedürftig. Zur Frage der Eignung eines Messinstrumentes im Assessment für den praktischen Einsatz gibt es eine Vielzahl von Prüfkriterien, sogenannte Gütekriterien (Objektivität, Reliabilität, Validität). Die meisten stammen aus der klassischen Messtheorie, sind also innerhalb der Psychologie bei der Entwicklung von Tests entstanden. Auch wenn die Tests im Blick auf die Qualitätssicherung des Personals zu befürworten sind, konkurrieren standardisierte Verfahren mit der intuitiven Einschätzung, die maßgeblich von der Expertise der leitenden Pflegenden bestimmt wird.

Im Gegensatz zum hermeneutischen Fallverstehen ist die Anwendung von Assessments mit Aufwand (Zeit und Personal) verbunden. Es muss daher geprüft werden, welche Kosten und welcher Nutzen mit dem einen oder anderen Verfahren verbunden sind. Assessment-Center, bisweilen kritisch als „infantile Allmachtsphantasien" verbrämt (Rettig 2009; Bartell 2016), sind vor allem dann sinnvoll und aussagekräftig, wenn der Komplexität des Verfahrens in Vorbereitung und Durchführung mit angemessenen Ressourcen begegnet werden kann. In einem Markt, der derart durch den Fachkräftemangel gekennzeichnet ist wie die Gesundheitsbranche, würde man aus zeitlichen und Effizienzgründen das Assessment ohnehin beschränken, da der Bewerber auch zahlreiche Alternativen wählen kann und im Zweifelsfall gut vermessen und vermeintlich objektiv beurteilt wird – aber eben nicht mehr ins Unternehmen, sondern zur Konkurrenz gegangen ist. Vor allem sollte geprüft werden, wie Fachkräfte und Bewerber den Einsatz eines Assessments bewerten, und zwar nicht nur diejenigen, die sich zur Teilnahme daran entschieden haben, da es darüber hinaus auch eine Absprungquote geben kann.

Fahrplan und Check-up-Liste

In diesem Buch wurden umfänglich die theoretische Herleitung sowie die Kanäle und Instrumente des Personalmarketings beschrieben und deren jeweilige Anwendungsgebiete und Eigenheiten dargelegt. Dabei wurde deutlich, welch enorme Bedeutung diesem Aufgabengebiet für die Erlössicherung des Unternehmens zukommt. Pflegeakquise ist einer der erfolgskritischen Faktoren der Krankenhausführung schlechthin, das Thema selbst ist eingebettet in einen vielfältigen fachlichen und berufspolitischen Diskurs, der zusätzliche Herausforderungen diktiert. Als Querschnittsaufgabe bedarf ein Employer Branding eines Verständnisses für die Nöte und Interessenlage anderer Abteilungen im Haus. Unabhängig davon wäre jedes Fachbuch, das seinen Gegenstand nur rein abstrakt zu streifen vermag, sein Geld nicht wert. Was folgt nun daraus für den Praktiker, welche Fragen werden er oder sie sich im Alltag der Personalakquise zu stellen haben?

Jedes wirksame Personalmarketing wird mit einer Reihe von Fragen, Irritationen oder Unausgegorenheiten beginnen, die im Folgenden schematisch umrissen werden. Die Fragen lassen sich grob zehn Komplexen zuordnen. Innerhalb dieser Fragenleiter sollte erst dann die nächste Stufe erklommen werden, wenn die vorangehende Frage zufriedenstellend beantwortet wurde.

1. **Querschnitt schaffen:** Kennen Sie Ihre jeweiligen Ansprechpartner in den Abteilungen Personal, Kommunikation/Marketing und Pflege? Gibt es regelmäßige Treffen und eine projektgebundene Abstimmung?
2. **Daten sammeln:** Erfassen Sie, warum Fachkräfte in Ihr Haus kommen und warum sie dieses verlassen? Gibt es einen strukturierten Prozess zur Erfassung dieser Daten?
3. **Alleinstellungsmerkmale und Wettbewerb:** Wie bewerten Sie Ihr Haus und die Arbeitgeberpositionierung auf Alleinstellungsmerkmale? Was fehlt aus Sicht Ihrer Mitarbeiter? Wie positionieren sich die konkurrierenden Häuser?
4. **Zielgruppe fokussieren:** Haben Sie ein fest umrissenes Bild Ihrer Zielgruppen? Wie hoch ist der Anteil von Männern und Frauen, welche Altersgruppe und Regionen prägen die Bewerber? Welche Mediennutzungsgewohnheiten haben diese? Prüfen Sie die Daten anhand der GIK-Studien oder anderer Datenbanken.
5. Wie lautet Ihre **Positionierung und Botschaftenhierarchie?** Welche Botschaften ergeben sich daraus: Nennen Sie für jeden Aspekt Ihrer Copy-Strategie einen markanten Satz. Spiegeln diese tatsächliche Benefits wider?
6. Haben Sie die **Bewerberreise** bereits absolviert? Wo verlieren Sie Zeit, an welcher Stelle können Sie dem Bewerber entgegenkommen und Verbindlichkeit signalisieren? Womit verschrecken Sie eventuell Bewerber?
7. Welche **Kanäle** nutzen Sie primär bei der Bewerberansprache, wie würden Sie Frequenz und Modus charakterisieren?
8. **Kritische Prüfung auf Glaubwürdigkeit:** Haben Sie Ihre Positionierung und die darauf basierenden Einzelmaßnahmen kritisch in der Mitarbeiterschaft verprobt? Wie ist das Resultat?
9. **Jahresplanung:** Haben Sie einen **Maßnahmen- und Budgetplan?** Wie hoch schätzen Sie Ihr Budget im Vergleich zum Wettbewerber? Welche Maßnahme ist besonders erfolgreich, welche nicht?
10. **Kontrolle:** Welche Methoden verwenden Sie, um herauszufinden, wie wirksam und zielführend Ihre Strategien sind?

Literatur

Balling S (2018) Spahn: Redesign your Krankenhauslandschaft. ▶ https://www.bibliomedmanager.de/news-des-tages/detailansicht/34707-spahn-redesign-your-krankenhauslandschaft/. Zugegriffen: 20. Mai 2018

Bartell S (2016) Qualitätssicherung im Assessment-Center: Wissenschaftliche Betrachtung in Theorie und Praxis. Springer Gabler, Wiesbaden

Bertelsmann Stiftung (2014) Themenreport „Pflege 2030". Was ist zu erwarten – was ist zu tun? ▶ https://www.bertelsmann-stiftung.de/es/unsere-projekte/pflege-vor-ort/projektthemen/pflege-report-2030/. Zugegriffen: 20. Mai 2018

Brandstädter M, Camphausen M (2018a) Klinikmarketing: Integrierter Marketingmix und patienten-zentrierte Ansätze statt „Halbgötter in Weiß". In: Matusiewicz D, Stratmann F, Wimmer J (Hrsg) Marketing im Gesundheitswesen. Einführung. Bestandsaufnahme. Entwicklungsperspektiven. (i. E.). Springer, Heidelberg

Brandstädter M, Camphausen M, (2018b) Employer Branding: Von der Notwendigkeit einer Arbeit-gebermarke für Gesundheitseinrichtungen. In: Matusiewicz D, Stratmann F, Wimmer J (Hrsg) Mar-keting im Gesundheitswesen. Einführung. Bestandsaufnahme. Entwicklungsperspektiven. (i. E.). Springer, Heidelberg

Brandstädter M, Ullrich T (2012) Klinikmarketing mit Web 2.0. Ein Handbuch für die Gesundheitswirt-schaft. Kohlhammer, Stuttgart

Braun B, Klinke S, Müller R (2010) Auswirkungen des DRG-Systems auf die Arbeitssituation im Pflege-bereich von Akutkrankenhäusern. Pflege&Gesellschaft 15(1):5.73

Büker C, Strupeit S (2016) Pflege-dual-Absolventen: Potenzial wird genutzt. Die Schwester Der Pfleger 3:92–95

BPA (2012) Pflege- und Gesundheitsbranche: „Der Markt für Fachkräfte ist leer gefegt". ▶ http://www.bpa.de/Aktuelles-Positionen.369.0.html?&no_cache=1&tx_ttnews%5Btt_news%5D=632&cHash=fd15aacd8564d0e08ecea5facc3b9447. Zugegriffen: 20. Mai 2018

Bundesagentur für Arbeit (BfA) (2017) Fachkräfteengpassanalyse der Bundesagentur für Arbeit (BfA). ▶ https://statistik.arbeitsagentur.de/Statischer-Content/Arbeitsmarktberichte/Fachkraeftebe-darf-Stellen/Fachkraefte/BA-FK-Engpassanalyse-2017-12.pdf. Zugegriffen: 20. Mai 2018

Bundesgesundheitsministerium: Beschäftigte in der Pflege (2018). Pflegekräfte nach SGB XI – Soziale Pflegeversicherung. ▶ https://www.bundesgesundheitsministerium.de/themen/pflege/pflegekra-efte/beschaeftigte.html. Zugegriffen: 20. Mai 2018

Buxel H (2011) Was Pflegekräfte unzufrieden macht. Wenig Zeit für die Patienten, keine Wert-schätzung der Arbeit: Viele Schwestern und Pfleger sind frustriert. Wollen Krankenhäuser Fach-personal gewinnen und binden, müssen sie die Arbeitsbedingungen attraktiver gestalten. In: Dtsch Arztebl 2011; 108(17): A-946 / B-778 / C-778.

Darby M, Karni E (1973) Free Competition and the optimal Amount of Fraud. J Law Econ 16(1):67–68

Görres S (2008) „Imagekampagne für Pflegeberufe auf der Grundlage empirisch gesicherter Daten"-Einstellungen von Schüler/innen zur möglichen Ergreifung eines Pflegeberufes. ▶ https://www.pflege-ndz.de/files/content-asset/pdf-downloads/projekte/imagekampagne-pflegeberufe/Image_Abschlussbericht-Endfassung.pdf. Zugegriffen: 20. Mai 2018

Görres S (2009) Professionalisierung in der Pflege. Newsletter des IPP Bremen. ▶ http://www.ipp.uni-bremen.de/uploads/Downloads/IPP_Info/IPP_info_no7_online_rz.pdf. Zugegriffen: 20. Mai 2018

Greß S, Stegmüller K (2014) Personalbemessung und Vergütungsstrukturen in der stationären Ver-sorgung Gutachterliche Stellungnahme für die Vereinte Dienstleistungsgewerkschaft (ver.di). ▶ https://gesundheit-soziales.verdi.de/++file++58307832e58deb0c2f0d9cfa/download/Gre%C3%9F_Stegmuller_verdi_Personalbemessung_18_11_14.pdf. Zugegriffen: 20. Mai 2018

Hasselhorn M (2008) Image der Pflege in Deutschland. ▶ https://www.researchgate.net/publica-tion/260592297_Image_der_Pflege_in_Deutschland. Zugegriffen: 20. Mai 2018

Hildebrandt U (2016) „Im Krankenhaus ist der Mensch kein Mensch mehr". Ein Interview. ▶ http://www.spiegel.de/wirtschaft/unternehmen/ulrich-hildebrandt-ex-chefarzt-rechnet-mit-dem-klinik-system-ab-a-1126561.html. Zugegriffen: 20. Mai 2018

Jahn P, Becker C (2014) Integration akademischer Berufsrollen in die Pflegestruktur am Universitäts-klinikum Halle (Saale). Vortrag im Rahmen des Fachtages Gesundheit und Pflege „Einsatz akade-mischer Pflegekräfte in Deutschland. Was verhilft zum Durchbruch?", Evangelische Hochschule Nürnberg, 16 Mai 2014

Kanning UP (2017) Personalmarketing, Employer Branding und Mitarbeiterbindung. Forschungs-befunde und Praxistipps aus der Personalpsychologie. Springer, Heidelberg

Konschak B (2014) Professionelles Personalmarketing: Die richtigen Mitarbeiter für Ihr Unternehmen ansprechen und gewinnen. Haufe, Krefeld

Kriegler Wo (2017) Employer Branding: Die Arbeitgebermarke als Spiegel von Identität und Kultur. In: Prölß, J und Loo, M v (Hrsg) Attraktiver Arbeitgeber Krankenhaus. Employer Branding – Personal-gewinnung – Mitarbeiterbindung. Medizinisch Wissenschaftliche Verlagsgesellschafter, Berlin, 179–200

Löffert S, Blum K, Steffen P (2012) Grundständige Ausbildungen in der Intensiv- und Psychiatriepflege. Gutachten des Deutsches Krankenhausinstitut e. V. (DKI) im Auftrag der Deutschen Krankenhausgesellschaft (DKG). Deutschen Krankenhausgesellschaft (DKG), Düsseldorf

Meffert H et al (2008) Marketing. Grundlagen marktorientierter Unternehmensführung, 10. Aufl. Springer, Heidelberg

Nelson P (1970) Information and Consumer Behavior. J Polit Econ 78(2):311–329

Rettig D (2009) Infantile Allmachtsfantasie von Personalern. ▶ https://www.wiwo.de/erfolg/jobsuche/assessment-center-infantile-allmachtsfantasie-von-personalern/5218266.html. Zugegriffen: 20. Mai 2018

Rochusmummert.com (2012) Studie „Klinikmanagement-Fokus Personal". ▶ https://www.rochusmummert.com/downloads/news/79_rm_130806_management__krankenhaus_klinikstudie_2012_pi_2_marketing.pdf. Zugegriffen: 20. Mai 2018

Stotz W, Wedel-Klein A (2013) Employer Branding. Mit Strategie zum bevorzugten Arbeitgeber, 2. überarb. und erw. Aufl. Oldenbourg, München

Stritzke C (2009) Marktorientiertes Personalmanagement durch Employer Branding. Springer, Heidelberg

Trost A (Hrsg) (2013) Employer Branding. Arbeitgeber positionieren und präsentieren. Luchterhand, Köln

Ullrich T (2013) Employer Branding und Recruiting mit Social Media? Unveröffentlichter Vortrag. komm.passion, Düsseldorf

Maßnahmenpaket Personalmarketing

© Springer-Verlag GmbH Deutschland, ein Teil von Springer Nature 2019
S. Grootz, M. Brandstädter, F. Schaefer, K. Huthwelker, *Personalmarketing im Pflegedienst*,
https://doi.org/10.1007/978-3-662-54104-3_2

2.1 Einführung

2.1.1 Ziele des Personalmarketings

Die schlechte Nachricht vorweg: Es gibt nicht das eine Patentrezept für das Personalmarketing, das für alle Klinken gilt, denn Marketing ist nie Standard. Vielmehr braucht es je nach Standort, Größe und Budget des Unternehmens und im Hinblick auf Bekanntheit, Image und aktueller Sachlage ein maßgeschneidertes Paket – natürlich immer unter Berücksichtigung der Zielgruppe.

Doch es gibt auch gute Nachrichten. Sinn und Nutzen einzelner Maßnahmen lassen sich anhand von vier Zielen kategorisieren, die das (Personal-)Marketing verfolgt.

Ein Ziel erfolgreichen Personalmarketings ist die **Bekanntheitssteigerung** des Krankenhauses. Denn wer als Unternehmen nicht auf sich aufmerksam macht, wird schwerlich Bewerber akquirieren können. Für die Maximierung des Bekanntheitsgrads sind in erster Linie reichweitenstarke Tools interessant. Doch Bekanntheit allein hilft nicht weiter, wenn das Unternehmen ein schlechtes Image hat; darum ist die **Imagepflege** für die Mitarbeitergewinnung essenziell. Dabei helfen Maßnahmen, mit denen sich die gewünschte Zielgruppe intensiv auseinandersetzt. Für das Recruiting bedarf es außerdem einer **Einstellungsänderung** des Bewerbers gegenüber dem Krankenhaus: Er muss die Vorzüge des neuen Arbeitgebers erkennen. Diese wird er allerdings nur dann annehmen, wenn sie über ein glaubwürdiges Medium transportiert werden und Raum für Austausch bieten, beispielsweise auf einer Messe oder bei einem Bewerbertag. Diese Einstellungsänderung wiederum kann das **Verhalten beeinflussen** und somit zu der erhofften Bewerbung führen (vgl. Brandstädter et al. 2013, S. 37 f.).

◘ Abb. 2.1 illustriert die Wirkung einzelner Maßnahmen auf die vier Marketingziele und gibt einen Anhaltspunkt hinsichtlich der anfallenden Kosten. Während eine Uniklinik mit hoher Wahrscheinlichkeit bekannter ist als das kleinste Krankenhaus der Region, hat dieses im Gegenzug womöglich ein besseres Image. Je nachdem, welche Ziele Sie verfolgen, soll Ihnen die Grafik dabei helfen, den geeigneten Mix für Ihr Personalmarketing zu finden. Die Beurteilung kann je nach Standort und Größe abweichen, sie ist daher als grobe Orientierungshilfe zu verstehen.

2.1.2 Kommunikationskanäle: offline, online und Out-of-Home

Für die konkrete Umsetzung der Personalmarketingkommunikation stehen drei Kanäle zur Verfügung: offline, online und Out-of-Home-Medien (Außenwerbung). Deren folgende Erläuterung soll eine Orientierung im Dschungel der Medienvielfalt bieten.

Für jeden Kanal gibt es verschiedene Instrumente (gleichzusetzen mit Maßnahmen) wie Plakate, Microsites oder Radiowerbung. Die Instrumente werden in diesem Kapitel allerdings keinem einzelnen Kanal zugeordnet, da sich die Verwendung in vielen Fällen nicht klar abgrenzen lässt. Ein Beispiel: Der Kinospot, ein klassisches Out-of-Home-Medium, wird nicht nur im Kino gezeigt, sondern auch auf der Microsite, auf Youtube und bei Facebook kommuniziert – das wiederum sind klassische Onlinemedien.

Maßnahme	Wirkung auf ...				Kosten
	Bekanntheit	Image	Einstellungen	Verhalten	
Stellen-/Imageanzeige	mäßig	gering	gering	gut	hoch
Messen	gering	mäßig	mäßig	mäßig	mäßig
Events	mäßig	mäßig	gut	mäßig	mäßig
Microsite	mäßig	gut	gering	mäßig	mäßig
Targeting	gering	gering	mäßig	gut	gering
Plakatwerbung	gut	mäßig	mäßig	gering	hoch
Verkehrswerbung	gut	mäßig	mäßig	gering	hoch
Bewegtbild	mäßig	gut	mäßig	gering	mäßig
Radiowerbung	gut	mäßig	mäßig	gering	hoch
Postmailing	gut	mäßig	mäßig	gering	hoch
Prämienmodell	gering	gut	mäßig	gut	gering

Wirkung ist: 👎 – gering, 👉 – mäßig, 👍 – gut
Kosten sind: ↓ – gering, → – mäßig, ↑ – hoch

⬥ Abb. 2.1 Wirkung und Kosten von Kommunikationsmaßnahmen in enger Anlehnung an Brandstädter et al. (2013)

Hier zeigt sich, dass die Maßnahmen miteinander verzahnt sind und erst dann ihre volle Wirkung entfalten, wenn sie über unterschiedliche Kanäle gespielt und den Rezipienten somit immer wieder vor Augen geführt werden.

Der Begriff **Offlinemedien** klingt im Zeitalter der Digitalisierung mehr als angestaubt. Wer junge Menschen für die Pflege begeistern möchte, hat „online" im Kopf. Dass Offlinekommunikation die vernachlässigte Schwester der Onlinemedien ist, hängt auch mit dem ihr zugeschriebenen Mangel an Flexibilität zusammen: Flyer und Broschüren sind zeitaufwendig in der Gestaltung. Einmal gedruckt, wollen die Exemplare verteilt werden, auch das kostet Zeit und personelle Ressourcen oder Geld, sofern externe Anbieter die Distribution übernehmen. Zudem lassen sich Fehler oder Neuerungen nicht so leicht bearbeiten wie bei Onlinemedien. Gleichwohl sollte die Relevanz der Haptik bedacht werden: Druckerzeugnisse aller Art heben sich von den online zugänglichen Infos ab, weil sie schlichtweg anfassbar sind. Handelt es sich um ein billiges Faltblatt oder um eine gute Druckqualität? Weist der Text viele Fehler auf oder ist er einwandfrei geschrieben? Machen die Fotos einen professionellen Eindruck? Je hochwertiger das Produkt, desto seriöser werden Sie als Arbeitgeber wahrgenommen. Und: Je nach Art der Zustellung wirken gedruckte Produkte persönlicher als eine Mail, die an einen Verteiler mit hunderten Personen geht (▶ Abschn. 2.10).

Doch Offlinekommunikation ist mehr als nur Print: Sie steht auch für die **direkte Kommunikation.** So stellt beispielsweise ein Bewerbertag für beide Seiten eine Win-win-Situation dar: Der potenzielle Bewerber lernt unverbindlich das Krankenhaus kennen und umgekehrt. Vor Ort braucht es wiederum analoge Infomaterialien, die dem Bewerber als Ergänzung zum Gespräch mit auf den Weg gegeben werden können. Hier kommen die Printmedien ebenfalls zum Tragen.

Die Nachteile der Offlinemedien sind die Vorzüge der **Onlinemedien:** Diese sind in weiten Teilen kostengünstiger und flexibler. Um den Streuverlust so gering wie möglich zu halten, kann man mithilfe von Social-Media-Plattformen und Suchmaschinen die Werbung personalisiert und zielgruppengerecht schalten und anhand von Klick- und Zugriffszahlen messen – ein entscheidender Vorteil im Gegensatz zu klassischen Offlinemedien wie Stellenanzeigen und Flyern.

Außerdem bieten Onlinemedien die Möglichkeit, überregional auf sich aufmerksam zu machen. Anders als beim ärztlichen Personal möchten allerdings viele Pflegefachkräfte vorzugsweise in ihrer Region bleiben. Daher ist fraglich, inwiefern überregionales Personalmarketing in der Pflege überhaupt Früchte trägt. Dieser Faktor sollte bei der Wahl des Mediums unbedingt bedacht werden.

Eine weitere Option zur Vermarktung Ihrer Arbeitgebermarke sind die sogenannten **Out-of-Home-Medien.** Der Fachverband Aussenwerbung e. V. (▶ www. faw-ev.de) teilt diese in fünf Kategorien ein:

1. Plakatwerbung (Citylights, City-Light-Board, Großfläche etc.)
2. Transport-Media (Busse und Bahnen, Werbeformen im ÖPNV etc.)
3. Digital Out-of-Home (Infoscreen, Fahrgast-TV etc.)
4. At Retail Media (Werbung im Unternehmen selbst; Werbeflächen auf Türen, Böden, Einkaufswagen etc.)
5. Ambient Media (Postkarten, Bierdeckel, Pizzakartons etc.)

Die im Folgenden vorgestellten Maßnahmen können alle für sich stehen. Bekanntheit und Durchdringungskraft werden jedoch erhöht, wenn sie kombiniert werden und wechselseitig aufeinander verweisen (▶ Kap. 4).

2.2 Stellen-/Imageanzeigen

Stellenanzeigen sind das konventionellste und älteste Medium des Recruitings. Auf größeren Personalkongressen bildet die Prämierung besonders gelungener Stellenanzeigen nach wie vor ein Highlight. Auch wenn die Printvarianten sukzessive von Online-Formaten abgelöst werden, sind sie für viele Krankenhäuser und Pflegeeinrichtungen auch heute noch das erste Mittel der Wahl, in den meisten Fällen allerdings mit einem sehr ungünstigen Kosten-Nutzen-Verhältnis.

Bevor man das Tool hinsichtlich der Effektivität bewertet, muss zunächst zwischen Stellen- und Imageanzeige unterschieden werden. Viele Kritikpunkte – Kostenintensität, mangelnde Individualisierbarkeit der Ansprache, Textlastigkeit – treffen in erster Linie auf die Stellen-, nicht aber auf die Imageanzeige zu. Um ein moderneres Auftreten und eine effizientere Zielgruppenansprache ohne Streuverluste zu ermöglichen, sollten Sie sich die Unterschiede zwischen beiden Formaten vor Augen führen.

Einer Besetzung von Stellen im öffentlichen Dienst geht eine **Stellenausschreibung** voraus. Das Grundgesetz verpflichtet den öffentlichen (und den freigemeinnützigen) Arbeitgeber, sich bei der Auswahlentscheidung in einem Stellenbesetzungsverfahren vom Grundsatz der Bestenauslese leiten zu lassen. Das definierte Anforderungsprofil beinhaltet somit die Kriterien, die für die Auswahl der Bewerberinnen und Bewerber maßgeblich sind (Auswahlkriterien). Der Ausschreibungstext soll dann die Hauptaufgaben der Stelle beschreiben und im Hinblick auf das folgende Auswahlverfahren die wesentlichen Punkte des Anforderungsprofils beinhalten. Der Hinweis auf die besondere Attraktivität des Arbeitgebers gehört ebenso dazu.

Entscheidet sich der Arbeitgeber für eine externe oder interne Ausschreibung, hat er eine Reihe von rechtlichen Vorgaben zu beachten. Das Allgemeine Gleichbehandlungsgesetz (AGG) verbietet die direkte oder indirekte Diskriminierung von Bewerberinnen und Bewerbern durch die Formulierung der Stellenanzeige oder Ausschreibung. Generell gilt, dass das Anforderungsprofil in einer Stellenausschreibung ausschließlich an die Tätigkeit anknüpfen darf und nicht an persönliche Merkmale des Bewerbers.

Zu achten ist aufgrund der Vorgaben des § 1 AGG insbesondere auf:

- Vermeidung von Altersvorgaben, auch in allgemeiner Form („jung", „Young Professionals", „Berufseinsteiger"),
- Geschlechtsneutralität
- Verzicht auf ein Lichtbild
- Vermeidung von Vorgaben über die Nationalität
- Behindertenneutralität
- Vermeidung von ethnischen oder rassischen Vorgaben

Zulässig sind solche Vorgaben, beispielsweise hinsichtlich des Geschlechts, ausschließlich dann, wenn eines der in § 1 AGG genannten Merkmale wegen der Art der auszuübenden Tätigkeit oder der Bedingungen ihrer Ausübung eine wesentliche und entscheidende berufliche Anforderung darstellt, sofern der Zweck rechtmäßig und die Anforderung angemessen ist (vgl. § 8 Abs. 1 AGG).

In der Regel werden Stellenausschreibungen mit dem Personalrat oder der Mitarbeitervertretung konsentiert. Das Ziel der Ausschreibung von zu besetzenden Arbeitsplätzen im Betrieb ist es, im Betrieb selbst vorhandene Möglichkeiten des Personaleinsatzes zu aktivieren. Außerdem sollen Verstimmungen und Beunruhigungen der Belegschaft über die Hereinnahme Externer trotz eines möglicherweise im Betrieb vorhandenen qualifizierten Angebots vermieden werden.

Die konkrete weitere Ausgestaltung obliegt dem Arbeitgeber. Die Mindestanforderungen an Inhalt und Form einer Ausschreibung ergeben sich aus ihrem Zweck, die zu besetzende Stelle den in Betracht kommenden Arbeitnehmern zur Kenntnis zu bringen und ihnen die Möglichkeit zu geben, sich darum zu bewerben. Der Betriebsrat kann die Zustimmung zu einer vorgesehenen Einstellung verweigern (§ 99 Abs. 2 BetrVG), wenn:

- die Mindestanforderungen an den Inhalt einer innerbetrieblichen Stellenausschreibung nicht erfüllt sind,
- die Stellenausschreibung gegen das Diskriminierungsverbot (§ 7 Abs. 1 AGG) verstößt,
- ein externer Bewerber, der sich auf eine externe Stellenanzeige beworben hat, die geringere Anforderungen als die innerbetriebliche Stellenausschreibung beinhaltet, eingestellt werden soll (§ 99 Abs. 2 Nr. 1 BetrVG, BAG v. 23.02.1988 – 1 ABR 82/86),

- der Arbeitgeber trotz Verlangens des Betriebsrats die geforderte Stellenausschreibung überhaupt nicht vorgenommen hat (§ 99 Abs. 2 Nr. 5 BetrVG) oder
- der Arbeitgeber trotz Verlangens des Betriebsrats eine Stelle, die sich als Teilzeitarbeitsplatz eignet (§ 7 Abs. 1 TzBfG), nicht als solche ausschreibt.

Produkt dieses Prozesses ist eine rechtlich konforme Stellenausschreibung, die in dieser Form oftmals deckungsgleich mit der Stellenanzeige in Fachmagazinen und Lokalzeitungen ist, und mit selbigem Wortlaut das entsprechende Fachpersonal einwerben soll. Lange Zeit entsprachen nahezu alle Ausschreibungen diesem Text- und Verfahrensstandard. Hier hat der Fachkräftemangel aber gerade in den letzten Jahren für einen erheblichen Innovationsschub gesorgt: Nach marketingtechnischen Gesichtspunkten erfüllen diese Stellenausschreibungen nämlich die Gütekriterien einer effizienten Zielgruppenansprache nicht im Mindesten. Durch das Bemühen, die rechtlichen Erfordernisse genau zu beachten, weisen diese Stellenausschreibungen auch zwischen verschiedenen Arbeitgebern eine hohe Deckungsgleichheit auf, taugen nicht zur Differenzierung vom Wettbewerber, sind sehr textlastig und bieten wenig Raum für individuelle Positionierung und Bildgestaltung.

Eine **Imageanzeige** verweist mit einem Link oder einem QR-Code auf die formal korrekte Stellenausschreibung, ist ansonsten aber primär nach werblichen Kriterien aufgebaut. Dieses Verfahren der expliziten Bezugnahme auf eine andernorts (etwa auf der Website) platzierte Ausschreibung eröffnet die Möglichkeit relativ eigenwilliger Gestaltungen und individueller Positionierungen. Vor allem aber ist dieses Verfahren für viele Häuser oftmals die günstigere Vorgehensweise, da auch hierbei unterschiedliche Größen, Bildwelten und Textbausteine miteinander kombiniert werden können, während das Ziel einer einheitlichen Anmutung gewahrt bleibt (◻ Abb. 2.2). Auf diese Weise können auch kleine Imageanzeigen zur Bewerbung einer Stelle geschaltet werden, da das Erfordernis der umfassenden Einhaltung der Gleichheitsgrundsätze durch Verweis gelöst wird.

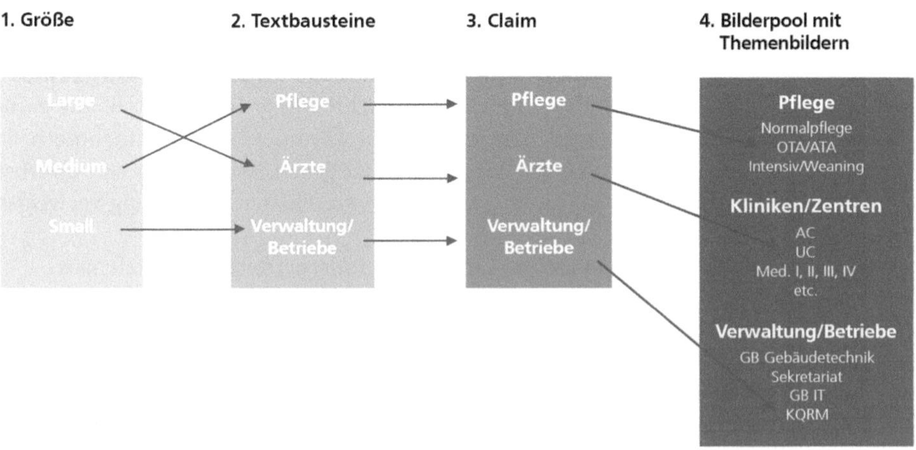

◻ **Abb. 2.2**   Schema einer Toolbox für Imageanzeigen. (Quelle: Uniklinik RWTH Aachen)

Die zentralen Qualitätskriterien für Imageanzeigen haben sich in den vergangenen Jahrzehnten relativ deutlich herauskristallisiert. Daher folgen hier ein paar Tipps für Ihre Imageanzeige.

Tipps für Ihre Imageanzeige

- Machen Sie sich klar, wie wenig Zeit Sie für die Bekanntmachung Ihrer Angebote haben: Es bleiben nur ein bis zwei Sekunden, um das Interesse des Lesers zu wecken. Vorausgesetzt wohlgemerkt, der Leser oder Betrachter wird auf die Anzeige inmitten der Seite ebenfalls platzierter Anzeigen überhaupt aufmerksam.
- Als Faustformel gilt, dass zweispaltige Anzeigen dreimal so häufig entdeckt werden wie einspaltige. Dreispaltige haben gegenüber den einspaltigen Anzeigen sogar den sechsfachen Entdeckungswert. Anzeigen im Hochformat ist der Vorzug gegenüber den Anzeigen zu geben, die in die Breite gehen.
- Machen Sie sich bewusst, dass der überwiegende Teil der Leser nicht liest, sondern eher schaut. Bildelemente bekommen in der Regel das Fünffache der Aufmerksamkeitsspanne im Vergleich zu Texten – egal, wie gut diese formuliert sind.
- Was nicht auffällt, wirkt auch nicht. Kreative Werbelösungen sind vor allem beim Personalmarketing sinnvoll. Sie möchten mit Ihrer Anzeige auffallen und zur Auseinandersetzung anregen? Dann darf es überraschend, vielleicht sogar ein wenig provokant werden.
- Achten Sie in jedem Fall Ihr Corporate Design beziehungsweise halten Sie Gestaltungsrichtlinien ein. Denn nur, wenn alles einheitlich aussieht und identische Botschaften vermittelt werden, summiert sich der Erfolg Ihrer Personalwerbung mit jeder weiteren Initiative.
- Stellen Sie Inhalte klar und einprägsam dar. Jedes Wort, jedes Bild und jedes grafische Element sollte auf den Prüfstand gestellt werden. Bei der Gestaltung ist die Reduktion auf das Wesentliche gefragt.
- Achten Sie bei der Gestaltung auf einige Grundregeln: Der Text sollte maximal die Hälfte einer Anzeige ausmachen, Überschriften werden in der Regel fett gesetzt und sollten in abgehobener Schriftgröße stehen. Die wichtigste Information wird dabei größer und zuvorderst aufgeführt. Generell sollten zu kleine Schriftgrößen vermieden werden. Verwenden Sie nicht zu viele Bildelemente und binden Sie ein Logo und eine Kontaktadresse oder einen Link in gebührender Größe ein (◘ Abb. 2.3).

Sollten Sie im Blick auf Ihre Anzeigen unschlüssig sein, empfiehlt sich ein sogenannter (Copy-Test): Bitten Sie eine Person, die mit Ihrer Anzeige nicht vertraut ist, sich diese für einige Sekunden anzuschauen. Wenn die Testperson anschließend etwa Dreiviertel der Text- und Bildinformationen wiedergeben kann, sind Sie definitiv auf dem richtigen Weg.

2

◻ Abb. 2.3   Template für eine Imageanzeige am Beispiel der Uniklinik RWTH Aachen. (Quelle: Uniklinik RWTH Aachen)

2.3   Messen & Inhouse-Events

Im Alltag kommt sie oftmals viel zu kurz: die persönliche Begegnung. Doch wo sollte man sie einsetzen, wenn nicht beim Recruiting? Messen und Events dienen aufgrund des begrenzten Teilnehmerkreises keiner Bekanntheitssteigerung, fördern aber das Image und haben Einfluss auf die Einstellung. Hier kann die Unmittelbarkeit des Kontakts darüber entscheiden, ob sich ein Interessent im Nachgang bewerben oder einen großen Bogen um das Krankenhaus machen wird. Für die Pflegebranche gibt es zahlreiche Messen und Events, die sich im Hinblick auf die Zielgruppe unterscheiden. Manche eignen sich für Schülerinnen und Schüler, um sie als künftige Auszubildende anzuwerben, andere für examinierte Pflegekräfte. Viele Kliniken nehmen an Karrieremessen teil, weil sie die eigenständige Ausrichtung einer Messe oder eines Events im eigenen Hause scheuen. Dabei bieten insbesondere Inhouse-Veranstaltungen die Möglichkeit, Interessierte mit dem eigenen Haus vertraut zu machen. Einen Versuch ist es allemal wert.

2.3.1   Karrieremessen

Wenn eine Klinik Interesse an einer Veranstaltung für potenzielle Bewerber hat, muss sie diese nicht zwingend selbst organisieren. Es gibt zahlreiche Anbieter, die Messen mit unterschiedlichen Schwerpunkten ausrichten und einen kostenpflichtigen Ausstellungsplatz zur Verfügung stellen. Die Programmgestaltung reicht von Vorträgen und Diskussionsrunden über Einzelgespräche bis hin zu Workshops und Assessments[1].

---

1   Eine der bekanntesten Berufsinformationsmessen in der Gesundheitsbranche ist die Berufsinformationsmesse für Gesundheit und Soziales JOBMEDI, die mit zahlreichen Ausstellern aus dem gesamten Bundesgebiet regelmäßig an den drei Standorten Berlin, Niedersachsen und NRW veranstaltet wird.

Bei einer Messe in der Gesundheitsbranche ist zwar die Berufssparte eng definiert, jedoch sind die darunter subsumierten Zielgruppen sehr heterogen: Jobsuchende, Schüler, Studierende, Absolventen, Akademiker, Wiedereinsteiger und Quereinsteiger. Nicht alle Teilnehmer kommen aus der Pflege, auch Mitarbeitende aus Verwaltung und Management sind angesprochen. Des Weiteren spielt der Ausrichtungsort eine Rolle. Die wenigsten Pflegekräfte möchten für ihren Job täglich eine Distanz von mehr als 50 km überbrücken, geschweige denn in eine andere Stadt ziehen. Wieso sollten sie das – abgesehen von sozialen Gründen wie ein Umzug der gesamten Familie oder des Partners – auch tun, wenn sie im näheren Umkreis die Wahl zwischen zig Arbeitgebern haben? Außerdem konkurrieren die Unternehmen auf einer Karrieremesse untereinander, denn: Bei einer lokalen Messe für Gesundheitsberufe ist davon auszugehen, dass auch alle anderen Krankenhäuser im näheren Wettbewerbsumfeld mit einem Stand vertreten sein werden. Das erhöht den Anspruch an die eigene Unternehmenspräsentation auf der Messe. Sofern eine Klinik ohnehin eine hohe Bekanntheit in der Zielgruppe hat, dient die Messe allein dazu aufzuzeigen, welche Stellen vakant sind und welche Berufsprofile gesucht werden. Eine Bekanntheitssteigerung unter nicht Stellensuchenden ist nicht zu erwarten (vgl. Konschak 2014; S. 138; vgl. ◘ Abb. 2.1).

Vor Bestätigung einer Teilnahme sollte daher ein klares Ziel definiert werden, für dessen Erarbeitung die folgenden zwei Aspekte von Bedeutung sind:

1. **Erwartungen an die Messe:** Geht es allein um das „Dabeisein", damit niemand fragt: „Wo ist eigentlich Klinik XY"? Möchten Sie etwas für das Image Ihrer Klinik tun und/oder versprechen Sie sich zahlreiche Bewerbungen?
2. **Zielgruppen:** Wen genau möchten Sie ansprechen? Setzen Sie auf einen jüngeren Personenkreis oder auf erfahrene Pflegekräfte jenseits der 50? Oder wollen Sie in den Nachwuchs investieren und Auszubildende anwerben?

Darauf aufbauend geht es in die weitere Planung des eigenen Messeauftritts und die Erstellung eines Konzeptes. Hier sollte zunächst eine detaillierte **Budgetplanung** erfolgen. Einzuplanen sind Kosten für:

- die Standmiete (auch Energie- und Anmeldegebühren)
- Messemöbel wie Barhocker und -tische
- den Service der Messegesellschaft (teilweise optional: Telekommunikationseinrichtungen; Standbewachung und -reinigung; Standbelieferung mit Imbiss und Getränken zur Ausgabe an Besucherinnen und Besucher)
- eine Ausstellungsversicherung
- die Anfahrt und je nach Dauer und Entfernung eine Übernachtung im Hotel
- den Transport (abhängig von der Größe des Messestandes)
- den Messestand. Die Ausführungen gehen von Tisch mit Roll-up über Faltdisplays und Traversen bis hin zu umfassenden Multi-Media-Anwendungen, deren Buchung und vorherige Produktion mit erheblichen Kosten verbunden sind.
- Informationsmaterialien wie Broschüren und Flyer (Gestaltung und Produktion)
- Give-aways

In einem zweiten Schritt stehen das **inhaltliche und gestalterische Konzept** und die Kernbotschaften im Mittelpunkt, die es bei der Messe adäquat an die gewünschte

Zielgruppe zu transportieren gilt. Eine häufig genutzte Option sind multimediale Darstellungen, denn: Bewegung zieht an. Statische Bilder erregen wesentlich weniger Aufmerksamkeit als bewegte Bilder. Je nachdem, welche Zielgruppe im Fokus des Interesses liegt, sollte auch die (bewegte) Bildsprache erfolgen, d. h.: Fotos und/ oder Clips mit jüngeren Personen für Auszubildende, Personen mittleren Alters für die Ansprache von Wiedereinsteigern etc. Bei aller Begeisterung für die neuen Medien sollte schriftliches Material wie Broschüren und Flyer nicht vergessen werden, denn viele Besucher nutzen die Messe in erster Linie zur Sammlung einer guten Informationsbasis über die verschiedenen Unternehmen. Hinsichtlich der Gestaltung des Messestandes sollte unbedingt für eine ausreichende Beleuchtung und ein wenig (Blumen-)Dekoration gesorgt sein.

Eng verbunden mit der Zielgruppe ist auch die Frage nach den **Repräsentanten** der Klinik. Ist die Pflegedienstleitung das Gesicht der Pflege, eine Pflegekraft oder eine Auszubildende? Je näher der Repräsentant der Zielgruppe kommt, desto höher ist die emotionale Ansprache. Ist die Person am Stand vertreten, deren Arbeitsalltag im Videoclip gezeigt wird oder deren Foto auf der Broschüre abgedruckt wird, erhöht das die Authentizität.

Wichtig: Das Standpersonal muss gut informiert sein. Häufig gestellt werden Fragen nach aktuell verfügbaren Stellen, Beschäftigungs- und Arbeitsbedingungen, Fort- und Weiterbildungsmöglichkeiten sowie nach besonderen Maßnahmen, die eine einzelne Klinik auszeichnen, beispielsweise eine eigene Kindertagesstätte, ein betriebliches Gesundheitsmanagement oder ähnliches.

Abschließend bedarf es der **Nachbereitung** und **Evaluation** der Messe, beispielsweise mittels Besucherzählung oder Besucherbefragungen. Falls Interessenten um weitere Informationen oder eine Kontaktaufnahme gebeten haben, sollte dies so rasch wie möglich nach der Messe erfolgen, idealerweise innerhalb von ein bis zwei Tagen.

2.3.2 Tag der offenen Tür

Ein Tag der offenen Tür in der Pflege ist perfekt geeignet, wenn es heißt, über das Berufsfeld aufzuklären. Er gewährt den Teilnehmenden – darunter potenzielle Auszubildende, deren Eltern, Bewerbungskandidaten und die interessierte Öffentlichkeit – einen unverbindlichen Einblick hinter die Kulissen des Pflegedienstes und ebnet eine erste Kontaktaufnahme. Damit der Tag der offenen Tür ein voller Erfolg wird, sollten die Mitarbeiter der Pflege und gerne auch die Auszubildenden engmaschig in die Planungen eingebunden werden. Schließlich soll der Tag auch intern wirken und nachhaltig motivieren, weil die eigenen Leistungen nach außen transportiert und sichtbar gemacht werden dürfen; das trägt zur Steigerung des Wir-Gefühls bei. Die Idee eines Tags der offenen Tür zieht: Zum Tag der offenen Tür der Berufsschulen im Gesundheitswesen des Klinikums Bayreuth waren 400 Besucherinnen und Besucher gekommen, wie eine Nachberichterstattung mit Impressionen auf dem klinikeigenen Facebookkanal zeigt (◙ Abb. 2.4).

◘ **Abb. 2.4** Nachberichterstattung zum „Tag der offenen Tür" auf dem Facebookkanal des Klinikums Bayreuth. (Quelle: karriere.klinikum-bayreuth.de; Klinikum Bayreuth 2017: Tag der offenen Tür der Berufsfachschulen im Gesundheitswesen. Online verfügbar unter: ► https://www.facebook.com/pg/ KlinikumBayreuth/photos/?tab=album&album_id=1173087722782430. Zugegriffen: 18. März 2018)

Für die bessere Planbarkeit des Tages können folgende Hinweise helfen:

1. **Der Termin:** Um möglichst viele der oben genannten Zielgruppen zu erreichen, bietet sich ein Samstag an. Natürlich müssen damit auch die Mitarbeiter einverstanden sein. Der Beginn sollte nicht eher als 10 Uhr, das Ende nicht später als 17 Uhr sein. Ein Zeitfenster von 10 bis 14 Uhr oder von 11 bis 15 Uhr scheint passend. Die Advents-, Ferien- und in einigen Gegenden auch die Karnevals- und Faschingszeit sollte ausgeschlossen werden. Falls gewünscht, kann ein Motto festgelegt werden, ein Aufhänger wäre zum Beispiel der Tag der Pflegenden, der jährlich im Mai zu Ehren von Florence Nightingale stattfindet.
2. **Der Ort:** Ein Tag der offenen Tür findet logischerweise in der eigenen Einrichtung statt. Im Vorfeld sollten Sie prüfen, ob für Vorträge, Workshops etc. Räume benötigt werden, die speziell gebucht oder freigehalten beziehungsweise umgeräumt werden müssen.
3. **Die Planung:** Ein entscheidender Faktor für die Planung ist das Budget, insbesondere für Catering, Give-aways, Infomaterialien, Roll-ups oder Messestand, Einladungen in Flyer- oder Anzeigenform etc.
4. **Das Programm:** Bei der Zusammenstellung des Programms stehen die Bedürfnisse der Zielgruppe im Vordergrund. Wie können Sie Ihr Krankenhaus so interessant darstellen, dass es Schüler und examinierte Pflegekräfte anspricht?
   - *Für Schülerinnen und Schüler:* Sie nehmen besonders gerne Angebote wahr, bei denen sie selbst einmal Hand anlegen dürfen: Blutdruck messen, Blutabnahme an einer speziellen Übungspuppe, Verbandswechsel etc.
   - *Für Examinierte:* Für diese Zielgruppe sind kleine Workshops oder Vorträge passend, bei denen man ins Gespräch kommt. Überlegen Sie auch, ob sie örtliche Kooperationspartner einbinden möchten oder gar einen lokal prominenten Schirmherren gewinnen können, dem das Thema Pflege am Herzen liegt.
5. **Die Einladung:** Sobald der Termin und das Programm stehen, können die Einladungen verschickt werden. Nutzen Sie hierfür verschiedene Wege.
   - *Extern:* Flyer per Hauswurf (► Abschn. 2.10), Anzeige in der Zeitung, Plakate im Krankenhaus, Ankündigung über die Website und Social Media, gezielte Einladungen per Post an Schulen und Kooperationspartner
   - *Intern:* Ankündigung in der Mitarbeiterzeitschrift und im Intranet, Aushang auf Station
6. **Infomaterialien & Give-aways:** Statten Sie Ihre Besucher mit Infomaterialien aus, damit sie zu Hause alles noch einmal in Ruhe nachlesen können. Legen Sie für potenzielle Bewerber einen Direktkontakt für Fragen zur Bewerbung bei, für Schüler einen Flyer über die Ausbildung. Immer gern gesehen sind nützliche Give-aways wie Kugelschreiber, Blöcke, Schlüsselanhänger, Lippenpflegestifte oder Jutebeutel. Darin können dann auch direkt die Infomaterialien verstaut werden.

2.3.3 Bewerbertag

Das Einzelgespräch ist der Klassiker unter den Bewerbungsgesprächen, doch mittlerweile setzen Unternehmen zunehmend auf sogenannte Bewerbertage.

Bewerbertage lassen sich in zwei Kategorien unterteilen:

1. „Geschlossene" Bewerbertage mit einem vorab festgelegten Personenkreis.
2. „Offene" Bewerbertage für alle potenziellen Bewerber.

„Geschlossene" Bewerbertage richten sich an diejenigen, die bereits eine Bewerbung haben[2]. Nach Sichtung aller Unterlagen fällt die Wahl auf Summe X, beispielsweise 20 Bewerber, die mit einem persönlichen, via Post versandten Schreiben eingeladen werden. Das erhöht den Seriositätsfaktor im Vergleich zu einer Einladung per Mail. Sofern diese genutzt wird, sollte ihr eine telefonische Einladung vorausgegangen sein. Die Einladung sollte beinhalten, was und wer die Teilnehmer beim Bewerbertag erwarten und empfangen wird, das baut Unsicherheiten ab. Als Veranstaltungsort bietet sich ein Raum innerhalb der Klinik an, idealerweise mit einer vorherigen kurzen Führung durch das Haus und anschließender Präsentation als Arbeitgeber. Bevor sich die Teilnehmer in großer Runde vorstellen, sollten die ausgeschriebene Stelle und das dahinterliegende gewünschte Profil noch einmal dargelegt werden. Fragen der Bewerber zum Unternehmen sollten jederzeit willkommen sein und ehrlich beantwortet werden. Es hilft, sich im Vorfeld Antworten auf die gängigen Fragen zu überlegen, um nicht uninformiert zu wirken. Wichtig: Schaffen Sie eine angenehme Atmosphäre. Es entspricht nicht jedem Naturell, vor einer größeren Gruppe zu sprechen. Fordern Sie keine Power-Point-Präsentationen, stellen Sie keine Fangfragen und machen Sie keinen Einstellungstest – es geht allein um den Austausch, der viel über die Bewerber aussagen wird. Hier sollte auch eine Beobachtung zum Umgang der Bewerber untereinander einfließen.

Nach Abschluss des Tages steht die Auswertung an. Vielleicht werden Sie überrascht sein, dass der ursprüngliche Favorit oder die Favoritin sich nicht so gut geschlagen hat wie angenommen. Letztlich liegt der Vorteil des Verfahrens vor allem darin, dass nicht nur die drei besten Bewerber Beachtung finden, sondern auch diejenigen, die im klassischen Verfahren keine Chance gehabt hätten. Auch wenn Sie sich am Ende nur für eine Person (bei mehreren Stellenausschreibungen für Anzahl X) entscheiden können: Behalten Sie die zweite und dritte Wahl im Hinterkopf, vielleicht können Sie später für eine vakante Stelle auf einen der Teilnehmer zurückgreifen.

„Offene" Bewerbertage für die Pflege können sich nur an Schülerinnen und Schüler, nur an Examinierte oder an beide Zielgruppen richten. Die Einladung erfolgt öffentlich, beispielsweise über die Website, Veranstaltungshinweise in der Zeitung, Radiowerbung, ein Einladungsschreiben an Schulen oder über soziale Netzwerke. Ähnlich wie beim Tag der offenen Tür gibt es Führungen und Infostände, aber auch die Möglichkeit zu Einzelgesprächen im Rahmen eines Speed-Datings. Den meisten als Methode zum Kennenlernen eines neuen Lebenspartners bekannt, hält diese Form des Erstkontakts auch im Personalmarketingbereich Einzug. Pro Bewerber stehen zehn bis fünfzehn Minuten zur Verfügung. Passen Motivation und Auftreten, wird der Kandidat zu einem ausführlichen Bewerbungsgespräch eingeladen. Die Idee: Die Hemmschwelle so niedrig wie möglich halten und es dem Bewerber so einfach wie möglich machen, er braucht keine Bewerbungsunterlagen mitzubringen.

---

2   Nachfolgend dargestellt am Beispiel der Westfunk GmbH und Co. KG in Essen (Sippel n. d.; marketingimpott.de).

Das AGAPLESION MARKUS KRANKENHAUS in Frankfurt hatte 2017 erstmals zu einem Bewerbertag mit Speed-Dating eingeladen. Dieser war Teil der Kampagne „GEMEINSAM.WERTE.PFLEGEN", daher auch der abgewandelte Titel im gleichen Stil: „PFLEGE. BEWERBER.TAG" (Abb. 2.5).

Das Job-Speed-Dating für sich entdeckt haben auch die Kliniken Maria Hilf in Mönchengladbach, im April 2018 fand bereits der zweite Termin statt. Neben Pflegenden waren Logistiker, Medizinische Fachangestellte und weitere Berufsgruppen eingeladen (Abb. 2.6).

Offene Bewerbertage sorgen für einen höheren Bekanntheitsgrad als geschlossene Bewerbertage, haben aber auch eine höhere Streuwirkung, da Sie nicht wissen, wer den Bewerbertag besuchen wird. Während Sie beim offenen Bewerbertag erst noch potenzielle Kandidaten zur Bewerbung animieren müssen – manche wollen auch nur einmal „reinschnuppern" – ist Ihnen die Bewerbung beim geschlossenen Bewerbertag gewiss, schließlich liegt diese bereits vor. Für beide Formate gilt: Sie bewerben

Abb. 2.5 Veranstaltungsplakat des AGAPLESION MARKUS KRANKENHAUS zur Ankündigung eines Bewerbertags für die Pflege. (Quelle: ▶ https://de-de.facebook.com/agaplesionmarkus. Zugegriffen: 18. März 2018)

◨ Abb. 2.6 Ankündigung des Job-Speed-Datings auf der Website der Kliniken Maria Hilf. (Quelle:
▶ https://www.mariahilf.de/de/Das-JobSpeedDating.htm. Zugegriffen: 18. März 2018)

sich mit Ihrer Klinik beim Arbeitnehmer. Unhöfliches Auftreten oder eine schlechte
Organisation schrecken ab. Der Nachteil ist auf Klinikseite wesentlich größer als auf
Bewerberseite. Aufgrund des Fachkräftemangels wird dieser auch rasch eine Stelle in
einem Krankenhaus finden, Sie aber nicht so schnell einen neuen Kandidaten.

2.3.4 Events für den Nachwuchs – Kooperation mit Schulen

Junge Menschen wissen oftmals nicht, welchen Beruf sie später ausüben möchten: zu
groß die Auswahl, zu unspezifisch die Vorstellungen vom jeweiligen Berufsfeld. Das ist
die Chance für Krankenhäuser und Pflegeeinrichtungen, sich als Arbeitgeber bekannt
zu machen, den Pflegeberuf vorzustellen, dessen Vorzüge aufzuweisen und den Nachwuchs für die Pflege zu begeistern; schließlich kann die Sicherung von Fachkräften nie
früh genug beginnen[3]. Am besten eignen sich dauerhaft angelegte Kooperationen mit

---

3   Die Kooperation kann selbstverständlich auch auf andere Bereiche wie Verwaltung oder
     Gebäudetechnik ausgeweitet werden, beispielsweise gesehen beim Martin-Luther-
     Krankenhaus Bochum-Wattenscheid, das seit 2012 eine Kooperation mit der HellwegSchule in
     Bochum-Wattenscheid pflegt. Die Uniklinik RWTH Aachen ist 2016 eine dauerhafte Kooperation
     mit dem Beruflichen Gymnasium für Gesundheit in Stolberg eingegangen.

Schulen, die sich im näheren Umkreis der Klinik befinden sollten. Der Kostenaufwand ist vergleichsweise gering, nur die personellen Ressourcen müssen bereitgestellt werden.

Mögliche Maßnahmen sind „Schnuppertage" in der Klinik, ein Tag der offenen Tür (► Abschn. 2.3.2), der einen Blick hinter die Kulissen gewährt, der *Boys' Day*, der heranwachsende Männer gezielt für die „typisch weiblichen" Berufe begeistern soll oder aber eine eigene Ausbildungsmesse, die sich problemlos auf alle Ausbildungsberufe in der jeweiligen Klinik erweitern lässt. Das Universitätsklinikum Münster veranstaltet einmal jährlich an einem Freitag die Ausbildungsmesse „AusBildungs-Chance". Eingeladen werden alle Schülerinnen und Schüler der letzten beiden Schuljahrgänge mit ihren Lehrern und Eltern. Zur Information hat das Uniklinikum eine Broschüre mit allen Ausbildungsberufen zusammengestellt (Ausbildungsberufe am UKM 2018; ukm.de).

Beziehen Sie für derartige Aktionstage auch derzeitige Auszubildende ein, die als Botschafter für Ihre Klinik fungieren. Das erleichtert den Jugendlichen die Identifikation und hält die Hemmschwelle für eine Kontaktaufnahme geringer, als wenn die Pflegedirektorin oder der Pflegedirektor persönlich Ansprechpartnerin oder -partner ist.

Im Rahmen einer Kooperation sollte den jungen Menschen auch die Gelegenheit geboten werden, Praktika zu absolvieren. Da diese mit einem hohen Betreuungsaufwand verbunden sind, der je nach Arbeitsverdichtung auf Station nicht gewährleistet werden kann und bei der eigenen Belegschaft womöglich nicht auf große Begeisterung stößt, sind ein- bis zweitägige Hospitationen Alternativen.

Bitte bedenken Sie bei der Zielgruppe „Schülerinnen und Schüler", dass damit indirekt eine weitere Zielgruppe verknüpft ist: die Eltern[4]. Für sie bietet sich eine Einladung zum Tag der offenen Tür oder eine Infoveranstaltung in den Räumlichkeiten der Schule an, in der über den Pflegeberuf und die Ausbildungskonditionen referiert wird.

Kooperationen mit Schulen sind unbedingt zu empfehlen. Es gibt keine Streuverluste bei der Zielgruppe, die verschiedenen Aktionen machen Ihre Klinik bekannter und pflegen das Arbeitgeberimage und die Arbeitgebermarke, weil Ihnen der Nachwuchs am Herzen liegt. Darüber hinaus erwirken Sie bei den Jugendlichen (und deren Eltern) höchstwahrscheinlich eine Einstellungsänderung gegenüber Ihrer Klinik und finden über diesen Weg im besten Fall neue Auszubildende[5]. Betrachten Sie die Kooperation für sich auch als eine Art „Talentscouting": Sie lernen die Schülerinnen und Schüler näher kennen und erkennen möglicherweise auch Potenziale, die den Bewerbern selbst nicht klar sind oder die in einem üblichen Bewerbungsverfahren untergegangen wären.

2.4 Microsite

Wer im Rahmen des Personalmarketings die Mitarbeitersuche im Internet fokussiert, ist auf eine zielgenaue Ansprache des potenziellen Mitarbeiters angewiesen. Dabei wird oft Kritik an der bestehenden Website geäußert: Diese sei zu unübersichtlich und

---

4   Interessante Informationen zu Einstellungen von Schüler/innen zur möglichen Ergreifung eines Pflegeberufes liefert eine Studie des Instituts für Public Health und Pflegeforschung, pflege-ndz.de.

5   Umfassende Handlungsempfehlungen für Schulkooperationen bietet das KOFA – Kompetenz-zentrum Fachkräftesicherung (kofa.de).

versuche, zu viele Zielgruppen auf einen Schlag zu bündeln. Das Thema Recruiting, so der Vorwurf, trete dabei zu sehr in den Hintergrund, da Websites primär den Patienten und Besucher ansprächen. Hier helfen spezielle Internetseiten, „Microsites" genannt.

Sie präsentieren auf einer entsprechend kurzen, miniaturisierten Website die Positionierung, das Selbstverständnis des Arbeitgebers, die offenen Stellen und animieren damit zur direkten Kontaktaufnahme. Dabei wird in der Regel auf alle störenden und ablenkenden Elemente verzichtet und der persönliche Nutzen für den Arbeitnehmer in den Vordergrund gehoben. So entsteht eine Website, die relativ wenige Seiten, bisweilen sogar nur eine responsiv gestaltete Seite, umfasst, und sich ausschließlich mit dem Thema Recruiting oder mit einer diesbezüglichen Kampagne beschäftigt.

Microsites lassen sich auch hervorragend zum Kampagnenmarketing nutzen, denn Videos oder Social-Media-Angebote können hier einfach an prominenter Stelle platziert werden. Die Vorteile einer Microsite liegen auf der Hand: fokussierte Darstellung eines favorisierten Kampagneninhalts ohne weitere Beimengungen und bewusste Trennung von der Hauptwebsite, separater Raum für Informationen, flexiblere Gestaltung und spezifisches Wording, speziell auf die Zielgruppe zugeschnittene Funktionen (Clips, Kontaktformulare, Stellenprofile, Karrierewege), einfache Realisierung und leichte Suchmaschinenoptimierung. Bereits auf der Startseite findet ein potenzieller Interessent alle relevanten Basisinfos und mit wenigen Klicks gelangt er zu den Detailinformationen. Eine mühsame Suche über Filter oder durch verflochtene Unterseiten bleibt erspart.

Wird eine Microsite von den Nutzern gut angenommen, bietet sie zudem ideale Voraussetzungen für ein seriös durchgeführtes Linknetzwerk zur Dachseite und sorgt so auch dort für eine stärkere Wahrnehmung und Verbreitung der Inhalte. Erhält eine Microsite eine besonders gute Resonanz in Form von guten Klickraten und Seitenbesuchen, kann sie um weitere Navigationspunkte, eine Kommentarfunktion oder um Blog-Funktionalitäten erweitert werden.

Umgekehrt steckt gerade in der Separierung der Dachseite die zentrale Gefahr: Der Aufbau einer solchen Microsite beansprucht schließlich Ressourcen. Grafikdesigner, Texter und Programmierer sind alle in diesen Prozess involviert und kosten entsprechend viel Zeit und Geld. Wichtigstes Argument, das gegen eine Microsite spricht: Die dafür anstehenden Ressourcen könnten ebenso für den Ausbau der Hauptpräsenz eingesetzt werden. So kann durch die Integration von Infografiken, ausführlichen Dienstleistungs- und Produktbeschreibungen sowie Usability-Verbesserung die Sichtbarkeit der Website maßgeblich gesteigert werden.

Microsites benötigen ferner einen kommunikativen Anschub, müssen bekannt gemacht und gefunden werden, bevor sie ihren eigentlichen Nutzen überhaupt entfalten. Oftmals speisen sie diesen nur aus der mangelnden Strukturiertheit und Attraktivität der Hauptseite, die prioritär behandelt werden sollte, da die meisten Fachkräfte diese zur weiteren Information ohnehin frequentieren. Dennoch hat sich der Trend zur Microsite im Recruiting als stabil erwiesen und prägt damit mittlerweile auch die Erwartungshaltung der Stellensuchenden. Natürlich sollten die diversen Einsatzbereiche, Angaben zu Ausbildungschancen und zur Unternehmenskultur ebenfalls nicht fehlen.

Der Krankenhausverbund der Barmherzigen Brüder Regensburg bietet knapp 500 Ausbildungsplätze an. Um junge Menschen gezielt anzusprechen und für den Pflegeberuf zu begeistern, wurde als Kernstück einer Kampagne die Microsite ▶ www.gute-pflege-macht-schule.de entworfen. Dort finden junge Menschen Infos zur Ausbildung, aber auch Antworten auf häufig gestellte Fragen, Tipps für ein Vorstellungsgespräch sowie O-Töne aus der Berufspraxis und von Auszubildenden (◘ Abb. 2.7).

Eine Alternative zur Microsite für den Pflegebereich ist ein eigenes Webportal mit einer Gesamtübersicht der Karrieremöglichen in Ihrem Hause (◘ Abb. 2.8).

Tipp: Schaffen Sie niedrigschwellige Angebote für die Bewerbung
Da allerorts händeringend nach Fachkräften gesucht wird und das Pflegepersonal dementsprechend stark umworben ist, sollten Sie sich von der Konkurrenz abheben und mit niedrigschwelligen Angeboten einen Service der besonderen Art bieten, beispielsweise mit einem Formular für die Kurzbewerbung, das direkt mit einem Klick erreichbar ist (◘ Abb. 2.9 und 2.10).

◘ **Abb. 2.7** Microsite der Kampagne „Gute Pflege macht Schule" des Krankenhausverbunds der Barmherzigen Brüder Regensburg. (Quelle: ► www.gute-pflege-macht-schule.de. Zugegriffen: 27. Februar 2018)

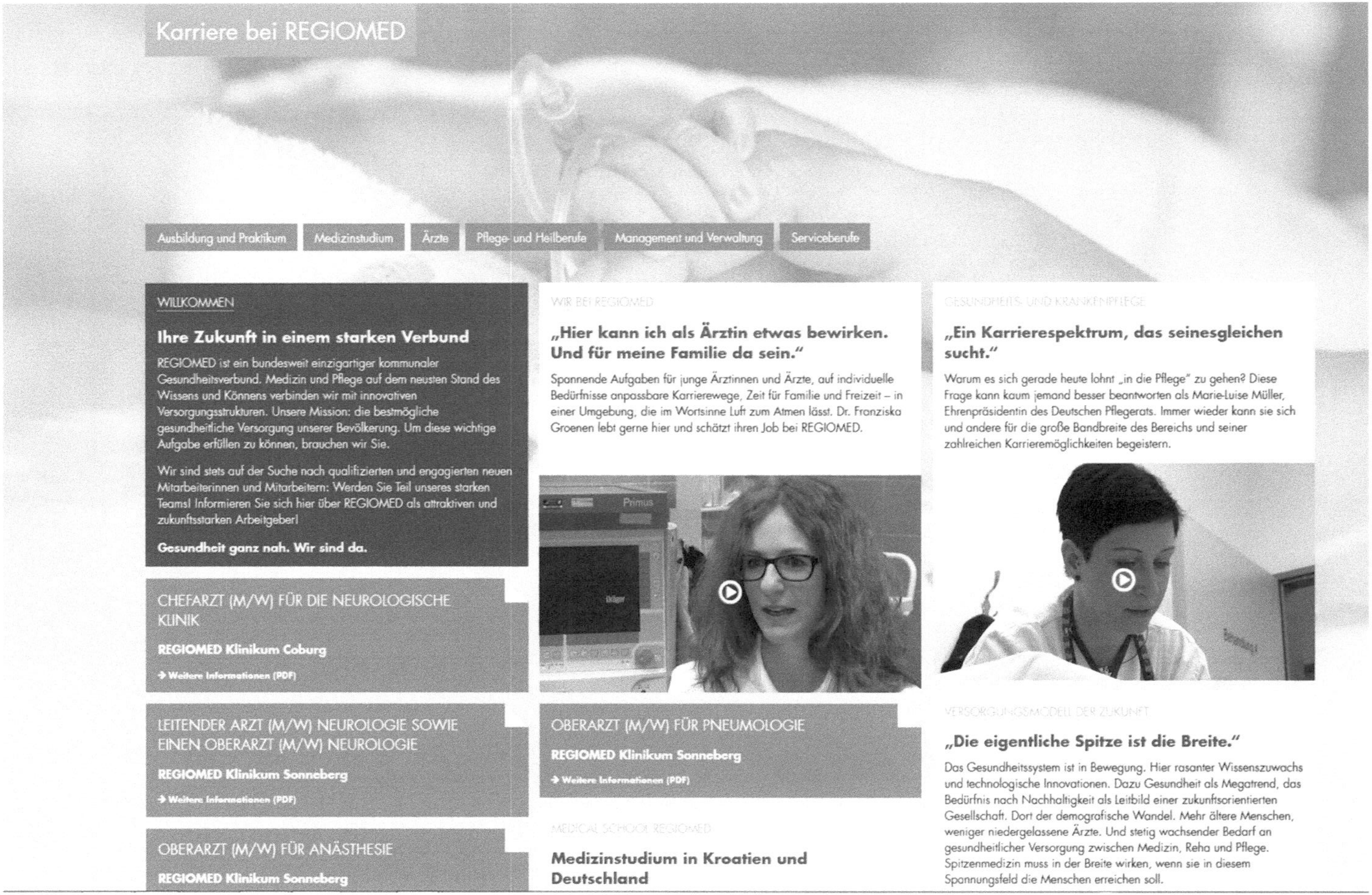

◘ **Abb. 2.8** Microsite des kommunalen Gesundheitsverbunds REGIOMED für den gesamten Karrierebereich. (Quelle: ▶ www.regiomed-karriere.de. Zugegriffen: 21. Mai 2018)

🅾 **Abb. 2.9**   Kontaktformular auf der Microsite „Teamgeist erleben" der Frankfurter Rotkreuz-Kliniken. (Quelle: ▶ www.teamgeist-erleben.de. Zugegriffen: 20. Mai 2018)

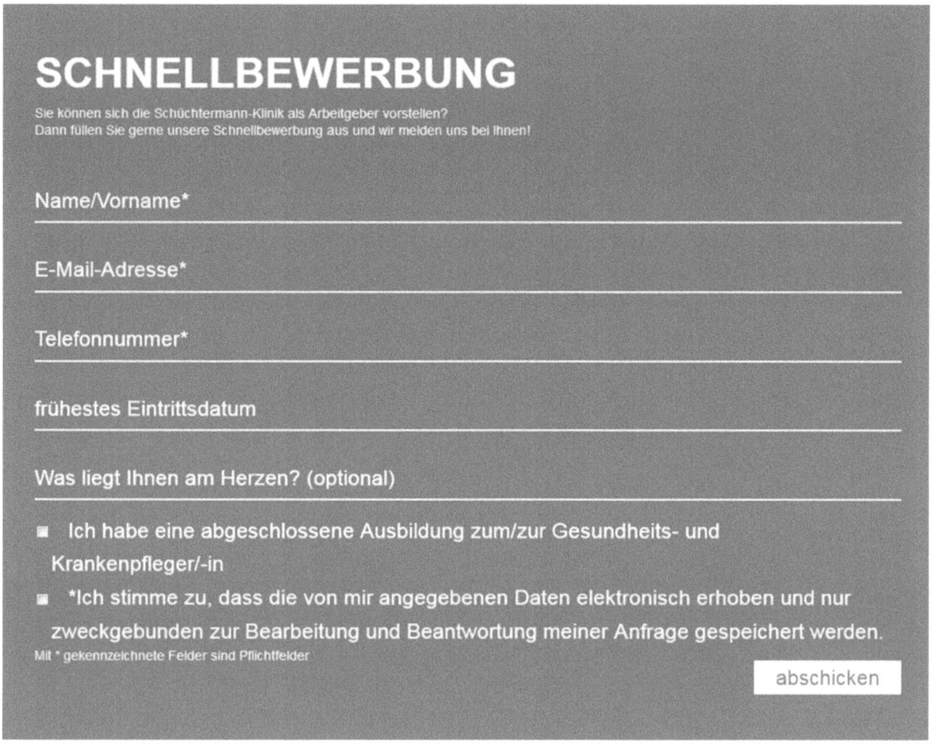

SCHNELLBEWERBUNG

Sie können sich die Schüchtermann-Klinik als Arbeitgeber vorstellen?
Dann füllen Sie gerne unsere Schnellbewerbung aus und wir melden uns bei Ihnen!

Name/Vorname*

E-Mail-Adresse*

Telefonnummer*

frühestes Eintrittsdatum

Was liegt Ihnen am Herzen? (optional)

☐ Ich habe eine abgeschlossene Ausbildung zum/zur Gesundheits- und Krankenpfleger/-in

☐ *Ich stimme zu, dass die von mir angegebenen Daten elektronisch erhoben und nur zweckgebunden zur Bearbeitung und Beantwortung meiner Anfrage gespeichert werden.

Mit * gekennzeichnete Felder sind Pflichtfelder

abschicken

◘ **Abb. 2.10** Kontaktformular auf der Microsite „Job mit Herz" der Schüchtermann-Klinik Bad Rothenfelde. (Quelle: ► www.job-mit-herz.de. Zugegriffen: 20. Mai 2018)

2.5 Social-Media-Targeting

Die Identifikation der perfekten Zielgruppe: So lauten Anspruch und Versprechen des sogenannten Targetings. Darunter versteht man das auf bestimmte Zielgruppen abgestimmte Schalten und Einblenden von Werbebannern auf Webseiten oder in Social-Media-Kanälen. Dafür müssen die eingeblendeten Werbebanner für den Nutzer und potenziellen Kunden so individuell zugeschnitten sein wie möglich.

Ein Beispiel: Sie wohnen in Berlin und gehen gerne Angeln. Dann ist es wahrscheinlich, dass Sie online nach Utensilien für den Anglerfreund stöbern. Eine Woche später besuchen Sie eine andere Website, weil Sie sich neue Schuhe kaufen möchten. Auf einmal taucht als kleine Anzeige der Köder auf, den Sie sich vor kurzem angeschaut und schon wieder vergessen hatten. Das nennt man Retargeting, also die erneute

Ansprache von Besuchern der eigenen Website. Auf Ihrem Desktop, dem Smartphone oder dem Tablet wurde ein Cookie gespeichert, der Infos zu besuchten Seiten und zum Zeitpunkt speichert. Dieser Cookie ermöglicht es dem Anglershop, Besucher seiner Website außerhalb der eigenen Website anzusprechen. Aus Sicht des Angelshops wäre es klug, festzulegen, wen er genau ansprechen möchte und in welcher Frequenz. Das Retargeting funktioniert also nur dann, wenn eine Zielgruppe definiert wird: Der Angelshop könnte sich zum Ziel setzen, alle Berliner zwischen 40 und 60 Jahren zu erreichen, die schon einmal Angelutensilien im Internet gekauft haben oder aber aufgrund ihres Hobbys potenzielle Käufer sein könnten.

Auf die Krankenhauslandschaft übertragen heißt das: Sie müssen Ihre Zielgruppe kennen. Diese können Sie unter anderem anhand der Bewerberdaten definieren. In einem zweiten Schritt wird online nach Websites oder Social-Media-Kanälen gesucht, auf denen diese Zielgruppe aktiv ist. Durch eine Werbebuchung auf diesen Plattformen können Sie als Klinik Ihr Zielpublikum gezielt ansprechen (Engelken n. d.; onlinemarketing-praxis.de).

Eine Methode also, die für das Personalmarketing im Pflegebereich prädestiniert zu sein scheint – insbesondere dann, wenn es bei Facebook Anwendung findet. Allein in Deutschland sind 30 Mio. Nutzer in dem sozialen Netzwerk angemeldet, der Anteil der 20- bis 29-Jährigen liegt bei 89 % (Das Statistik-Portal 2017; ► statista.com). Als Klinik mit Fachkräftemangel ist man demnach gut beraten, sich zur Anwerbung neuer Bewerber dieses Kanals zu bedienen. Das macht allerdings nur dann Sinn, wenn die Klinik bereits einen eigenen Facebook-Account hat (◘ Abb. 2.11).

Die Grundlagen für das Targeting liegen auf der Hand: Geschlecht, Alter, Sprache, Land und Ort. Doch Facebook verfügt über viele weitere Informationen wie Beziehungsstatus, Bildung, Arbeitgeber und Interessen der Nutzer oder gar die Nutzung des Endgeräts (PC vs. mobil) (Philipp Roth n. d., allfacebook.de).

Für die Auswahl der Zielgruppe gibt es drei Optionen (facebook business, facebook.com):

1. **Core Audiences:** Die Zielgruppe wird manuell anhand von Kriterien wie Alter, Geschlecht und Wohnort eingegrenzt.
2. **Custom Audiences:** Die Klinik verbindet sich mit potenziellen Bewerbern, indem sie bisherige Kontakte nutzt. Dazu zählen zum Beispiel Webseitenbesucher oder Nutzer von Mobilgeräten.
3. **Lookalike Audiences:** Anhand der Informationen über die eigenen „Kunden" beginnt die Suche nach Personen, die ihnen ähneln, und sich damit möglicherweise ebenfalls als Bewerberkandidaten eignen.

Eine zwingende Voraussetzung für erfolgreiche Targeting-Kampagnen auf Facebook ist die Installation des Facebook-Pixels. Er ist die technische Basis, um die Handlungen auf der eigenen Kampagnen-Website oder Karriereseite nachvollziehen zu

☑ Abb. 2.11 Beispiel für eine Anzeige auf Facebook (Targeting) im Rahmen der Kampagne „Den Job will ich auch" der Uniklinik RWTH Aachen. (Quelle: Uniklinik RWTH Aachen)

können. Der Pixel ist entscheidend für die Analyse des Targetings und einer damit verbundenen Optimierung der Kennzahlen. Darüber hinaus bildet er die Grundlage für das Retargeting, da mit seiner Hilfe Custom Audiences von einer Website erstellt werden können (Litterst 2016).

Das Targeting ist ein wirksames Tool, wenn es heißt, Verhalten und Einstellungen möglicher Bewerber zu ändern: Bestenfalls denken Sie noch einmal über einen Arbeitsplatzwechsel nach und bewerben sich sogar. Für das Image spielt das Targeting prinzipiell keine große Rolle, es sei denn, Sie „bombardieren" mit Anzeigen – dann wird Ihre Klinik schnell als lästig und aufdringlich empfunden. Wie so oft im Leben gilt auch hier: Die richtige Dosis macht's, zum Beispiel eine Schaltung von insgesamt drei Anzeigen nach einer Woche, einem Monat und drei Monaten.

Wer sich dieses Tools bedienen möchte, findet im Internet zahlreiche Foren und Blogs, die das Vorgehen genau beschreiben, außerdem sind mittlerweile einige Bücher dazu auf dem Markt[6]. Alternativ kann man Agenturen zurate ziehen, die sich auf die Bereiche Digital Communication und Onlinemarketing spezialisiert haben.

2.6 Plakatwerbung

Es gibt kaum eine Werbe- oder Personalkampagne, die ohne sie auskommt: Plakatwerbung. Sie gilt als perfekte Ergänzung zu den gängigen Print- und Onlineangeboten, da sie maximale Aufmerksamkeit generiert: Man kann nicht umschalten oder weghören. Außerdem weist sie eine hohe Kontaktdichte auf.

Die Großfläche (18/1) ist der am weitesten verbreitete Werbeträger der Out-of-Home-Medien. Deutschlandweit bieten 152.000 dieser etwa neun Quadratmeter großen Plakatwände Raum für aufmerksamkeitsstarkes Marketing (Fachverband Aussenwerbung e. V. n. d.a; faw-ev.de).

Ebenfalls sehr beliebt sind Citylight-Poster (kurz CLP). Dabei handelt es sich um beleuchtete, hinter Glas geschützte Werbeflächen, die 24 h am Tag, sieben Tage die Woche in Innenstädten, an ÖPNV-Haltestellen, an Verkehrsknotenpunkten, in Bahnhöfen, Einkaufszentren und Flughäfen zu finden sind – also überall dort, wo sich viele Menschen, in der Regel mit langer Verweildauer, aufhalten (❏ Abb. 2.12). Das Standardformat eines CLP beträgt 1,19 × 1,75 m. Die Belegung erfolgt mittels Netzbuchung, d. h. Sie können Ihre Plakatwerbung in bestimmten Stadtgebieten schalten. Je nach Anbieter ist eine „Umfeldplanung" möglich. Bei dieser Methode sind die besten Flächen in der direkten Umgebung einer bestimmten Adresse buchbar. Ein Beispiel: Sie möchten neue Ausbildungsplätze bewerben. Dann wäre eine CLP-Belegung an Bushaltestellen interessant, die vor beziehungsweise in der Nähe von weiterführenden Schulen oder vor Vereinshäusern platziert sind.

Das Belegungsintervall beträgt in den meisten Städten eine Kalenderwoche oder zehn Tage. Der durchschnittliche Tagespreis pro Citylight liegt bei circa 18 EUR[7].

Im Blick auf die Kernbotschaft des Plakats sollten so viele Infos wie nötig, aber so wenige wie möglich auf dem Plakat zu sehen sein. Schließlich bleiben dem Betrachter durchschnittlich nur zwei Sekunden Zeit, um das Plakat während des Vorbeifahrens mit dem Bus oder dem Auto zu registrieren. Darum müssen Bild und Botschaft buchstäblich ins Auge fallen. Bestenfalls wird die zentrale Aussage in einen Satz aus maximal fünf Wörtern gebettet und eine Domain für weiterführende Informationen angegeben. Ein passendes (Bild-)Motiv sollte die Botschaft unterstreichen.

Für echte „Eyecatcher" sorgen Fotos, die zum Schmunzeln anregen oder Menschen darstellen, die optisch nicht der Norm entsprechen. Das zeigen die beiden Beispiele

---

6   Bauer et al. (2011): Online Targeting und Controlling. Grundlagen – Anwendungsfelder – Praxisbeispiele. Gabler Verlag, Wiesbaden; Dürscheid, Anika: Targeting in Social Networks. Akademikerverlag, Saarbrücken.

7   Die Buchung von Großflächen kann einzeln erfolgen, es ist keine Netzbelegung erforderlich. Üblicherweise ist bei der Belegung mit einem Zeitraum von einer Dekade als Mindestzeitraum zu rechnen.

■ **Abb. 2.12** Citylight einer Pflegekampagne der Uniklinik RWTH Aachen aus dem Jahr 2012. (Quelle: Uniklinik RWTH Aachen)

der Kampagne „Wir können Pflege" aus der Emscher-Lippe-Region. Im Februar 2015 hingen zum Start der Kampagne zehn Citylight-Boards (in 2,50 m Höhe quer zum Verkehrsfluss) im Stadtgebiet aus. Die hier gezeigten Personen sind perfekt auf das junge und mobile Zielpublikum zugeschnitten, das mit der Kampagne erreicht werden soll (■ Abb. 2.13 und 2.14). Achten Sie bei der Gestaltung auch auf die Blickführung: Die Person auf dem Foto sollte keinesfalls aus dem Bild „herausschauen", das lenkt den Blick des Betrachters weg vom Plakat. Es empfiehlt sich, dass die dargestellte Person den Betrachter direkt anschaut. Bedenken Sie bei der Gestaltung vor allem die Größe des Plakats: Das Foto muss hochauflösend sein, die Botschaft zentriert und groß genug, damit sie innerhalb von zwei Sekunden gelesen werden kann.

Aufgrund ihrer Größe und der prominenten Platzierung sorgen Großflächen und Citylights für hohe Kontaktwerte und fallen dank der Beleuchtung auch in den Abendstunden und im Winter auf. Damit tragen sie zur schnellen Erhöhung des Bekanntheitsgrades bei. Die Plakatwerbung geht aber auch maximal ins Budget: Für eine wöchentliche Netzbuchung kommen schnell Kosten im fünfstelligen Bereich zusammen. Umso wichtiger sind ein professionelles Layout und eine klare Botschaft, damit sich die Investition auch lohnt[8].

8 Zahlreiche Tipps zur Gestaltung finden Sie auf den Websites der einzelnen Anbieter. Einige übernehmen die Gestaltung gegen einen Aufpreis.

▣ Abb. 2.13   City-Light-Board der Kampagne „Wir können Pflege" aus der Emscher-Lippe-Region. (Quelle: ▶ https://www.wir-koennen-pflege.de/start-der-kampagne-wir-koennen-pflege/. Zugegriffen: 7. April 2018)

Tipp: Eigene Werbeflächen nutzen

Es muss nicht immer die Großfläche oder das Citylight sein. Vielleicht haben Sie am Parkhaus des Krankenhauses oder an der Hauswand eine große Fläche, die Sie für Werbezwecke nutzen können. Als Werbeträger käme ein Mesh Banner infrage. Das dünne und luftdurchlässige Material ist für den Außenbereich bestens geeignet und hält Kontakt mit Wasser und Sonneneinstrahlung stand. Außerdem haben Mesh Banner einen Segeleffekt: Der Wind gelangt dank der feinen Gitterstruktur des Materials durch den Stoff hindurch, ohne den Werbeträger zu verformen.

Exkurs: Gratispostkarten

Als sinnvolle und verhältnismäßig kostengünstige Ergänzung zur Plakatwerbung bietet sich Werbung auf Gratispostkarten an, die zu den sogenannten Ambient Media gehört. Ambient Media sind Out-of-Home-Medien im unmittelbaren Lebensumfeld („Ambiente") bestimmter Zielgruppen, die üblicherweise nach Anlässen (z. B. Einkauf, Freizeit, Urlaub) und Orten (z. B. Kneipe, Kino, Flughafen) eingeteilt werden (Fachverband Aussenwerbung e. V. n. d.b; faw-ev.de). Die Postkarten im DIN A6-Format begegnen den Menschen in Situationen, in denen

☑ **Abb. 2.14**   Weiteres Motiv der Kampagne „Wir können Pflege" aus der Emscher-Lippe-Region. (Quelle: ▶ www.wir-koennen-pflege.de. Zugegriffen: 7. April 2018)

sie keine werbliche Ansprache erwarten; das erhöht den Aufmerksamkeitswert. Die Gratispostkarten eignen sich zur gezielten Ansprache eines jungen Publikums im Alter von 18 bis 34 Jahren. Die Postkarten liegen in speziell dafür vorgesehenen Displays in der Bar-, Café- und Clubszene aus und können kostenlos mitgenommen werden. Damit die Postkarten auffallen, sollte die Motivgestaltung auf der Vorderseite kreativ und idealerweise amüsant, provokativ oder plakativ sein. Hier gilt: Je ausgefallener, desto besser. Die Rückseite sollte informativ sein und einen Mehrwert bieten, beispielsweise die Angabe einer Domain.

Nachdem Sie die finale Postkarte als Druckdatei an den Anbieter verschickt haben, kümmert sich dieser um die Produktion und Distribution. Die Kartenständer werden im gebuchten Schaltungszeitraum durch Verteiler landesweit oder regional mit den Karten bestückt und dokumentiert. Die Mindestbelegung beträgt je nach Anbieter

2

eine Woche bis 14 Tage, die Mindestauflage 3000 bis 4000 Stück. Die Kosten belaufen sich auf rund 500 EUR[9].

2.7 **Verkehrswerbung**

Eine Ergänzung beziehungsweise eine Alternative zu Citylights ist das „rollende Plakat": die Werbung auf Bussen (◨ Abb. 2.15). Dabei kann in der Regel zwischen Seitenfläche, Heckblech, Heckfläche komplett und einem kompletten Bus gewählt werden. Damit sich die Gestaltung und das Bekleben des Busses lohnen, setzen viele Anbieter auf langfristige Verträge von einem bis zu zwei Jahren. Bei einer Laufzeit von einem Jahr ist für die Buchung des gesamten Busses mit 700 EUR monatlich zu rechnen, wobei die Preisangaben je nach Region variieren. Einzelne Flächen sind im Vergleich zum gesamten Bus dementsprechend günstiger. Je länger die Laufzeit, desto geringer die monatlichen Kosten. Hinzu kommen eine einmalige Zahlung für die Produktion und die Montage der Werbefolien auf den Fahrzeugen sowie die Servicekosten für Pflege, Reinigung und Wartung. Wird ein kompletter Bus gebucht, variieren die Preisangaben von mindestens 1500 EUR bis 3900 EUR. In vielen Fällen ist auch eine monatliche Buchung möglich, die aufgrund des hohen Gestaltungsaufwands und der Kosten jedoch nicht unbedingt lohnenswert ist. Anders als bei den Citylights, die aufgrund der Netzbuchung an bestimmten Stellen platziert werden können, gibt es bei der Buswerbung keine „Wunschlinie". Es wird ein Bus beklebt, der als Linie 5 durch die Stadt fährt, abends im Busdepot parkt und am nächsten Tag als Linie 18 im Randgebiet unterwegs ist. Das kann, je nach Zielsetzung und Zielgruppe, Vor- oder Nachteil sein, sollte aber in jedem Fall in die Überlegung für oder wider Buswerbung einbezogen werden.

Hinsichtlich der Gestaltung gibt es einige wichtige Punkte zu beachten.

- Arbeiten Sie mit viel Farbe. Je auffälliger, desto höher ist die Sichtbarkeit.
- An Blinkern oder Türen gibt es Rundungen, auf denen Farbe, aber keine Schrift vorhanden sein darf. Diese wäre aufgrund der Rundung nicht mehr lesbar.
- Fensterflächen sind häufig mit 30 % Lochfolie beklebt, Schrift ist darauf kaum lesbar.
- Gestalten Sie nicht zu kleinteilig. Der Zusammenhang muss erkennbar sein. Dieser Hinweis ist aufgrund der Länge vor allem bei Gelenkbussen relevant.

Dies sind nur grobe Anhaltspunkte, die genauen Anforderungen sollten im Detail mit dem jeweiligen Anbieter besprochen werden. Sie erhalten eine Vorlage mit genauen Maßangaben und markierten Flächen, damit Sie wissen, welche Sie nutzen dürfen und welche nicht. Die Gestaltung sollte von einem Grafiker übernommen und seitens des Anbieters gut geprüft werden.

Buswerbung weist Stärken und Schwächen auf. Die große Stärke liegt wie bei den Citylights in der Steigerung des Bekanntheitsgrades, denn mobile Werbung fällt ins

---

9 Bekannte Gratispostkarten sind „Edgar Freecards" (49 Städte; edgarfreecards.de) und „CityCards" (circa 90 Städte; citycards.de)

□ Abb. 2.15　Buswerbung im Rahmen einer Pflegekampagne der Uniklinik RWTH Aachen aus dem Jahr 2012. (Quelle: Uniklinik RWTH Aachen)

Auge. Ein Nachteil kann die Buchungsdauer von ein oder zwei Jahren sein, wenn mit Personen geworben wird, die sich in dieser Zeit für einen anderen Arbeitgeber entscheiden und darum bitten, ihr Gesicht nicht mehr mit dem alten Arbeitgeber in Verbindung zu bringen[10].

Neben Buswerbung ist natürlich auch Werbung auf Zügen, Straßenbahnen und U-Bahnen möglich. Das Klinikum Augsburg, das sich vom kommunalen Großkrankenhaus zu einem Universitätsklinikum entwickelt, wirbt seit Anfang April 2018 mit seiner Kampagne „Gemeinsam fürs Leben. Arbeit für mich." auf Straßenbahnen. Zu sehen sind vier Protagonisten, die mit starken Statements um neue Kolleginnen und Kollegen werben (□ Abb. 2.16).

Die anfallenden Kosten sind für viele Kliniken ein Grund, diese Form der Werbung nicht zu nutzen. Dann haben Sie die Möglichkeit, auf Werbung *im* Bus umzusteigen. Anders als Werbung *auf* dem Bus wird diese nur von den Fahrgästen gesehen, dafür wirkt sie aber intensiver und länger als bei einem mit 50 bis 70 km/h vorbeifahrenden Bus. Zur Innenwerbung zählen Monitorwerbung, die Plakatierung an Fensterscheiben (□ Abb. 2.17) oder Haltestangenanhänger. Diese sogenannten SwingCards sind rund

---

10　Dieser Hinweis gilt auch für andere größere Anschaffungen wie Messestände.

2

◘ Abb. 2.16   Straßenbahnwerbung im Rahmen der Kampagne „Gemeinsam fürs Leben. Arbeit für mich." (Quelle: ► https://www.klinikum-augsburg.de/nc/das-unternehmen/news/aktuelles/details/news/gemeinsam-fuers-leben-arbeit-fuer-mich.html. Zugegriffen: 1. Juni 2018)

◘ Abb. 2.17   Plakatwerbung im Bus am Beispiel der Uniklinik Greifwald. (Quelle: ► https://www2.medizin.uni-greifswald.de/pflege-deine-leidenschaft/index.php?id=479. Zugegriffen: 1. Juni 2018)

zehn Zentimeter breit, 29 cm hoch, doppelseitig bedruckt und hängen mindestens einen Monat im Bus aus. Ihr Vorteil liegt darin, dass sie bei Interesse einfach mitgenommen werden können.

Ein Tipp: SwingCards eignen sich optimal für kurzfristige Aktionen oder für Ankündigungen einer Veranstaltung. Wenn Sie einen Tag der offenen Tür oder einen Bewerbertag im Pflegebereich planen, probieren Sie es einmal mit einer Ankündigung auf SwingCards. Damit Sie sehen, ob diese Marketingmaßnahme Früchte trägt, können Sie diese mit einem Gewinnspiel verbinden, zum Beispiel: Wer eine SwingCard mitbringt, nimmt automatisch am Gewinnspiel teil. Oder: Die ersten 20 Gäste mit einer SwingCard erhalten ein kleines Präsent, beispielsweise einen Thermobecher im Corporate Design Ihrer Klinik. Oft sind es diese kleinen Anreize, die Besucherströme anziehen.

2.8 Bewegtbild

Bewegte Bilder sind selbstverständlicher Teil der Alltagskommunikation geworden, wie Nutzungszahlen von Youtube belegen. Wurden vor zehn Jahren durchschnittlich 13 h Videomaterial hochgeladen, waren es 2013 schon 100 h und 2015 400 h/min (Tubefilter 2008; statista.com).

Im Personalmarketing spielen Videos mittlerweile eine zentrale Rolle. Die meisten Kampagnen werden durch einen Videoclip bereichert, da dieser wie kein anderes Medium innerhalb kürzester Zeit komplexe Inhalte darstellen kann. Außerdem ist bewegte Kommunikation für den Zuschauer unmittelbarer, wirkt aufgrund von Mimik und Gestik authentischer und erhöht die Glaubwürdigkeit (Amberg 2013, S. 318). Je emotionaler die Ansprache, desto eher bleibt das Gesehene im Gedächtnis[11].

Üblicherweise werden Videoclips im Rahmen des Personalmarketings auf den klinikeigenen Youtube-Kanal gestellt und in sozialen Netzwerken wie Facebook geteilt beziehungsweise auf die Homepage eingebunden. Meistens kommen die eigenen Mitarbeiter zu Wort, die in ihrem Pflegealltag begleitet werden und berichten, was ihnen Freude bereitet, welche Herausforderungen mit ihrem Job einhergehen und welche Aufgaben in ihren Tätigkeitsbereich fallen. Wichtig: Lassen Sie den Protagonisten des Clips keinen Text einüben. Das fällt sofort auf und wirkt unglaubwürdig. Ein kleiner Versprecher hingegen bringt Sympathiepunkte und zeigt die Echtheit der Aussage. Nicht immer wird gezielt mitgeteilt, dass Bewerber gesucht werden. Manchmal reicht ein Imageclip aus, der potenzielle Interessenten auf emotionaler Ebene anspricht (❐ Abb. 2.18).

Clips dieser Art dauern rund drei bis fünf Minuten. Das ist lang genug, um alles Wesentliche zu sagen, und kurz genug, damit nicht gleich abgeschaltet wird.

Eine Form der Bewegtbild-Kommunikation ist die Kinowerbung, die sich vor allem für ein jüngeres Zielpublikum eignet. Sie bietet ein intensives Erlebnis durch Bild und Ton, wird gemeinsam mit Freunden erlebt und weist prinzipiell eine hohe

---

11 Für die Gestaltung eines Videoclips bietet sich das Storytelling an. Mehr dazu lesen Sie in
▶ Kap. 4.

2

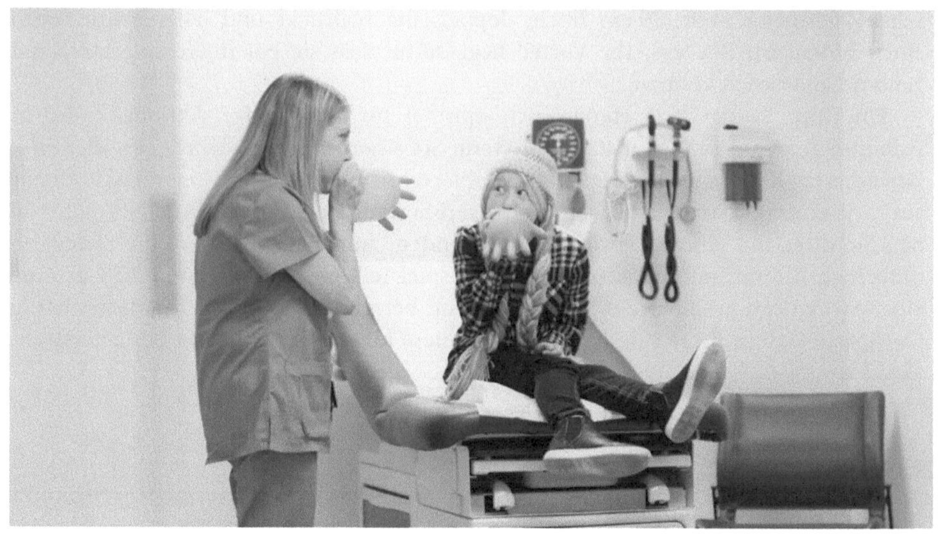

▣ Abb. 2.18   Youtube-Clip des St. Jude Children's Research Hospital in Memphis. (Quelle: ▶ https://
www.youtube.com/watch?v=UBcPjfvdbrg. Zugegriffen: 20. Mai 2018)

Wertigkeit auf. Anders als bei vielen anderen Maßnahmen gibt es im Kino so gut wie keine Ablenkung: Das Smartphone liegt lautlos in der Tasche, alle schauen auf die Leinwand und warten auf den Film. Ist die Werbung gut gemacht, tauscht man sich noch kurz darüber aus, das steigert den Erinnerungswert. Während sich der Videoclip über den Berufsalltag nicht fürs Kino nutzen lässt, kann der Kinospot gut in bereits bestehende Onlineauftritte und in die sozialen Medien integriert werden.

Gutes Gespür für einen gelungenen Kinospot im Bereich Personalmarketing hat das Klinikum Landshut bewiesen, das zur Bewerbung des neuen Bachelorstudiengangs und die Krankenpflegeausbildung auf humorvolle Art und Weise der Frage nachgeht: Wer hat die besseren Karten? Der Plot: Ein Krankenpflegeschüler und Bachelorstudent sitzt bei einer Pokerrunde mit den zwei bekannten Persönlichkeiten Willy Astor und Barbara Meier. Willy Astor zieht seine Karte „Unfugunternehmer und Musiker". Barbara Meier, Gewinnerin der zweiten Staffel von „Germany's Next Topmodel", legt siegessicher ihre Karten auf den Tisch. Sie ist überzeugt, dass sie als „Model und Schauspielerin" gewinnen wird. Bis dahin weiß der Zuschauer nicht, worum es geht. Dann ist der Krankenpflegeschüler am Zug, der als „Bachelor of Science, Krankenpfleger am Klinikum Landshut" eindeutig die besten Karten hat und die Pokerrunde für sich entscheidet (▣ Abb. 2.19). Mit einer Gesamtlänge von 38 s eignet sich der Clip bestens fürs Kino.

Im Klinikum Landshut mit Dualem Krankenpflegestudium zum Bachelor of Science

◘ Abb. 2.19 Recruitingclip des Klinikums Landshut mit einem Krankenpflegeschüler und den Promis Barbara Meier und Willy Astor. (Quelle: ▶ https://www.youtube.com/watch?v=iboTRUq3YwM. Zugegriffen: 20. Mai 2018)

Ein weiteres Best Practice ist der 50Pflegestellen Spot #1 vom Reusspark aus der Schweiz (◘ Abb. 2.20). Wegen einer baulichen Erweiterung sind neue Pflegeplätze entstanden, für die das Zentrum für Pflege und Betreuung 50 gut ausgebildete und engagierte Mitarbeitende sucht. Auch dieser Clip begeistert mit einem humorvollen Ansatz: Eine Pflegekraft zieht ihre Schuhe aus und schleicht nachts durch einen Flur. Plötzlich geht eine Tür auf, jemand wirft ein Lasso um sie und zieht sie ins Zimmer. Daraufhin sagt ein Off-Sprecher: „Damit sich unsere Bewohner nicht um die Pflegenden reißen müssen. Bewirb dich jetzt unter 50pflegestellen.ch." Am Schluss versucht die Pflegekraft, aus dem Zimmer zu kriechen, um ihre Schuhe, die auf dem Flur liegengeblieben waren, zu holen, wird aber vom Bewohner wieder ins Zimmer gezogen.

Tipps für die Kinowerbung

1. Haben Sie Ihre Zielgruppe im Blick. Schülerinnen und Schüler bewegen andere Themen und Fragen als Personen mittleren Alters. Auch die Wahl des Kinos ist entscheidend (z. B. Programmkino vs. Cineplex).
2. Der Kinospot muss unterhalten. Er sollte entweder witzig sein oder am Ende ein Überraschungsmoment bieten.
3. Am Ende sollte erkennbar sein, wer hinter der Werbung steckt. Das kann mittels Einblendung eines Logos und Verweis auf eine Website geschehen.
4. Der Spot sollte eine Länge von maximal 50 s nicht überschreiten.

2

◘ Abb. 2.20 **ab** Recruitingclip „50pflegestellen Spot #1" des Reussparks Schweiz. (Quelle: ► https://www.youtube.com/watch?v=OjNfPLSnID8. Zugegriffen: 21. Mai 2018)

5. Greifen Sie für den Kinospot gegebenenfalls auf Schauspieler zurück. Es muss nicht Matthias Schweighöfer sein: Über Schauspielagenturen finden Sie Nachwuchsschauspieler für relativ kleines Geld.
6. Beziehen Sie, wenn möglich, prominente Personen mit ein. Das wertet Ihren Spot ungemein auf (siehe dazu ◘ Abb. 2.19).
7. Wählen Sie geeignete Musik, die nicht vom Inhalt ablenkt.
8. Buchen Sie am besten Kontakte, keine Zeiträume. Bei gutem Wetter im Sommer würde sich die Kinowerbung nicht rentieren. Die Kontakte lassen sich auf Filme Ihrer Wahl verteilen.
9. Bei Bedarf können Sie den Kinospot um Anzeigen im Programmheft ergänzen.
10. Bedenken Sie bei der Budgetierung die Kosten für ggf. Schauspieler, Musiklizenzen, Kameramann, für die technische Produktion (FSK-Prüfung, Kosten zur Produktion der Masterdatei etc.) und für die Schaltung an sich.[12]

2.9 Radiowerbung

Radiowerbung hat nicht immer den besten Ruf, denn wer das Radio einschaltet, möchte Musik oder Nachrichten hören, keine Werbung. Hinzu kommt, dass das Radio meist nebenbei läuft: während der Autofahrt, beim Putzen oder Bügeln, morgens beim Frühstück. Die gewünschte Aufmerksamkeit ist nicht immer gegeben, kann aber durchaus mit einem innovativen Spot erzeugt werden. Das belegen die Spots der Imagekampagne „pro Radio", bei denen auf eine amüsante Vorgeschichte mit oft doppeldeutigem Charakter oder überraschendem Ausgang der Claim folgt: „Mit Radio erreichen Sie immer die Richtigen. Radio. Geht ins Ohr, bleibt im Kopf." Wer beim Lesen sofort den Spot im Kopf hat, bei dem hat die Imagekampagne definitiv gewirkt[13].

Im Gegensatz zu den meisten anderen Medien wirkt Radiowerbung nicht auf visueller, sondern auf auditiver Ebene, und spricht damit einen Sinn an, der nicht so häufig bedient wird wie das Auge. Entscheidend ist daher die Qualität des Sprechers: Sie sollten unbedingt in einen Profi investieren, der weiß, wann er welchen Inhalt wie betonen muss, wo er Pausen einbauen kann und wann er Luft holen darf. Besonders effektiv wird Radiowerbung, wenn einige Minuten nach dem Abspielen eines Spots nochmals auf diesen hingewiesen wird. Dafür sollte der Sprecher der Werbung über eine so charakteristische Stimme verfügen, dass er sofort wiedererkannt wird.

Die Besonderheit der Radiowerbung: Sie erreichen mit Radio auch die, die aktuell keinen Job suchen, das ist der große Vorteil im Vergleich zu Stellenanzeigen, nach

---

12 Kostenbeispiele: Cinestar Düsseldorf (größter Saal mit 598 Sitzplätzen): circa 460 EUR pro Monat; UFA Palast Düsseldorf (größter Saal mit 580 Sitzplätzen): circa 995 EUR pro Monat; Kostenbeispiel für Saal Nr. 8 (der größte Saal mit 580 Sitzplätzen): circa 995 EUR pro Monat (Rusch 2017; ▶ www.kreativfilm.tv)

13 Wer die Kampagne nicht kennt, findet alle Infos und Radiospots zum Reinhören bei der Radiozentrale (▶ www.radiozentrale.de).

denen in der Zeitung oder auf Bewerberportalen gezielt gesucht werden muss. Im Blick auf die Zielgruppe ist auch die Sendezeit zu beachten: Berufstätige Pflegekräfte erreichen Sie mit Radiowerbung am besten morgens vor der Arbeit, am Nachmittag nach dem Früh- beziehungsweise vor dem Spätdienst und am Abend nach dem Spätdienst- beziehungsweise vor der Nachtschicht, während sie sich auf den Weg zur Arbeit machen oder von der Arbeit auf dem Weg nach Hause befinden. Falls Sie Schülerinnen und Schüler ansprechen möchten, schalten Sie die Spots nicht zwischen 8 und 15 Uhr, wenn die Jugendlichen in der Schule sind. Hier bieten sich eher die Zeit vor der Schule und der späte Nachmittag oder frühe Abend an.

Tipps für Ihren Radiospot (angelehnt an die Empfehlungen der Radiozentrale; radiozentrale.de)
1. Kino für die Ohren. Gute Spots erzeugen Bilder im Kopf. Lassen Sie etwas Zeit dafür, auch wenn es zwei Sekunden länger dauert.
2. Humor hilft. Die Grenzen des guten Geschmacks sollten allerdings eingehalten werden.
3. Emotionalität zieht. Ob liebevoll oder witzig: Hauptsache, die Gefühlswelten der Zuhörer werden angesprochen.
4. Musik schafft Aufmerksamkeit. Sie lenkt die Aufmerksamkeit auf Marke und Produkt und lädt diese positiv auf. Sie darf allerdings nicht von den Inhalten ablenken.
5. Sprachliche Besonderheiten erzeugen mehr Aufmerksamkeit. Die freche „Berliner Schnauze" in der Hauptstadt, melodisches bairisch in München oder echtes norddeutsches Platt: Je nach Region kann ein Dialekt alle Ohren auf sich ziehen. Es sollte allerdings nicht um jeden Preis gemacht werden, es muss ins Gesamtkonzept passen.

Insgesamt betrachtet eignet sich Radiowerbung gut zur Bekanntheitssteigerung. Sie kann aber auch schnell einen Imageschaden anrichten, wenn sie schlecht gemacht oder schlichtweg als nervig empfunden wird. Denken Sie an das Seitenbacher-Müsli, diese Radiowerbung ist wohl jedem bekannt. Das Marketingziel „Bekanntheit" wurde erreicht, allerdings ist die Werbung auch umstritten, da sie einigen buchstäblich „zu den Ohren raushängt". Darum ist Radio durchaus als anspruchsvolles Medium anzusehen.

2.10 Postmailings

In Zeiten der Digitalisierung auf Postmailings zu setzen mag altmodisch klingen. Doch Briefe, Flyer oder Postkarten, die wie in alten Zeiten im analogen Briefkasten landen, liegen wieder voll im Trend. Laut Dialog-Marketing-Monitor 2017 der Deutschen Post nutzt jedes siebte Unternehmen persönlich adressierte Mailings für das Direktmarketing (Deutsche Post AG 2017, S. 19). Als Gründe für die volladressierte Werbesendung werden persönliche Kundenansprache, der Kundenbindungseffekt und die hohe Wertigkeit genannt (Deutsche Post AG 2017, S. 21). Anders als bei elektronisch zugestellten Newslettern, die schnell an- und noch schneller wieder weggeklickt werden, hält der Empfänger einen Brief, einen Flyer oder eine Postkarte immerhin kurz in den Händen, während er ihn aus dem Briefkasten holt. Ist das Mailing gut gemacht, wird es sogar gelesen. Es signalisiert den Status des Absenders und die Relevanz der Nachricht, da dafür extra in Papier, gegebenenfalls in einen Umschlag und Porto investiert wurde.

Das Postmailing eignet sich für die Ansprache potenzieller Bewerber vor allem deshalb, weil Sie Kaltakquise betreiben dürfen. Denn im Gegensatz zu einem elektronischen Newsletter können Sie den Brief per Hauswurfsendung auch an Privatpersonen schicken, mit denen Sie bislang nicht in Kontakt standen und auf diese Weise als Arbeitgeber auf sich aufmerksam machen.

Der größte Anbieter für den Versand von Postmailings ist die Deutsche Post AG. Eines der Angebote ist das PostwurfSpezial, das eine teiladressierte Werbung ermöglicht. Deutsche Post Direkt als die auf Adressmanagement spezialisierte Tochter der Deutschen Post sorgt für die Qualifizierung der Postwurfsendungen. Dabei bedient sie sich der mikrogeografischen Datenbank *microdialog*, die soziodemografische Daten wie das Alter gespeichert hat und anhand derer Sie Ihre Zielgruppe spezifizieren können. Dank dieser Selektionsmöglichkeiten können Sie hohe Streuverluste vermeiden. Die Kosten für das PostwurfSpezial liegen bei einer Grammatur von unter 20 Gramm bei 0,13 EUR pro Stück. Mit einem Budget von 5000 EUR könnten Sie also rund 38.500 Haushalte beschicken. Im Vergleich zu einer Printanzeige, die einmal in der Tageszeitung steht und von der gewünschten Zielgruppe womöglich gar nicht wahrgenommen wird, ist ein Postmailing also wesentlich kostengünstiger und effektiver.

Drei Tipps für Ihr Mailing
1. **Fassen Sie sich kurz.** Die wichtigsten Informationen sollten genannt sein, für den Rest kann auf eine Website verwiesen werden. Bedenken Sie, dass immer weniger gelesen wird. Ein Anschreiben sollte darum nicht länger als eine Seite sein, ein Flyer kann mit Bildmaterial ausgeschmückt werden, das die Botschaft unterstreicht.
2. **Setzen Sie das Sprachniveau nicht zu hoch an.** Ihr Mailing sollte von allen verstanden werden können. Insbesondere, wenn Sie den potenziellen pflegerischen Nachwuchs erreichen wollen, ist eine leicht verständliche Sprache wichtig.
3. **Lassen Sie keine Fragen offen.** Angenommen, Sie möchten per Postmailing zu Ihrem Bewerbertag einladen. Dann erinnern Sie sich an Ihre Schulzeit und denken an die W-Fragen:
   - Wer (schreibt mich an)?
   - Was (will der Absender von mir)?
   - Wann (findet die Veranstaltung statt, zu der ich eingeladen werde)?
   - Wo (findet die Veranstaltung statt)?
   - Warum (sollte ich zum Bewerbertag gehen)?

2.11 Prämienmodelle

29 % aller Neueinstellungen kommen aufgrund persönlicher Kontakte zustande – so lautet das Ergebnis der IAB-Stellenerhebung, einer regelmäßigen Betriebsbefragung des Instituts für Arbeitsmarkt- und Berufsforschung (IAB 2016)[14]. Wie andere Unternehmen sind daher auch Krankenhäuser gut beraten, bei der Bekämpfung des Fachkräftemangels auf die eigenen Mitarbeitenden zu setzen, indem sie sogenannte Prämienmodelle etablieren. Prämienmodelle nutzen die eigenen Mitarbeiter als Botschafter: Diese verfügen über ein Netzwerk an Kontakten zu ehemaligen Kolleginnen und Kollegen aus anderen Krankenhäusern oder zu Arbeit suchenden Angehörigen, Freunden und Nachbarn.

Das Prämienmodell funktioniert wie folgt: Krankenhaus A legt zunächst eine Prämie in Höhe X fest und bittet seine Angestellten darum, neue Fachkräfte für den Pflegebereich anzuwerben. Wirbt Mitarbeiter B einen neuen Mitarbeiter C an, wird B die Prämie ausgezahlt, sobald C nach seiner unbefristeten Anstellung die Probezeit erfolgreich bestanden hat.

Vor der Einführung einer Mitarbeiterempfehlung gilt es einige strategische Punkte zu berücksichtigen (in Anlehnung an Konschak 2014, S. 148):

1. **Akzeptanz:** Passt das Prämienmodell zur Unternehmenskultur? Sind die Arbeitszufriedenheit und die Identifikation mit dem Haus so hoch, dass die Mitarbeiter neue Kollegen anwerben?
2. **Prämienhöhe:** Die Höhe der Prämie variiert von Krankenhaus zu Krankenhaus. Einige Krankenhäuser zahlen 1000 EUR aus (beispielsweise die Uniklinik RWTH Aachen), das Städtische Klinikum München sogar 8000 EUR pro angeworbener Pflegefachkraft (Inga Rahmsdorf 2018). Das liegt ganz im Ermessen des jeweiligen Krankenhauses.
3. **Prämienempfänger:** Im Vorfeld sollte geklärt werden, ob alle Mitarbeitenden oder nur eine bestimmte Berufsgruppe (in diesem Fall nur Pflegende) neue Mitarbeiter empfehlen dürfen. Allerdings sorgt es gegebenenfalls für Unmut, wenn nur dieser Personenkreis die Chance auf eine Prämie hat. Außerdem erhöhen sich voraussichtlich die Empfehlungen, je mehr Personen eine solche Empfehlung aussprechen dürfen.
4. **Eingrenzung der Bereiche:** Einige Krankenhäuser starten zunächst mit einem Piloten und beschränken die Vermittlung zum Beispiel auf die Intensivstationen, die Notaufnahme und den OP. Das hängt natürlich jeweils mit dem vorherrschenden Mangel zusammen und kann bei Bedarf angepasst werden.
5. **Definition des Zeitraums:** Ist das Prämienmodell als Pilot für einen akuten Pflegemangel zu verstehen oder soll es dauerhaft eingesetzt werden?
6. **Voraussetzungen für eine Empfehlung:** Für die angeworbene neue Pflegefachkraft sollten bestimmte Bedingungen festgelegt werden, die erfüllt sein müssen.

---

14 Das IAB untersucht mit der IAB-Stellenerhebung viermal jährlich das gesamte Stellenangebot. Darin sind auch Stellen enthalten, die den Arbeitsagenturen nicht gemeldet werden. Im vierten Quartal 2015 wurden Antworten von 13.000 Arbeitgebern aller Wirtschaftsbereiche ausgewertet (iab.de).

Dazu gehören Kriterien wie ein anerkannter Ausbildungsabschluss, Festlegung des Einsatzbereiches, regelmäßige Arbeitszeiten beim neuen Arbeitgeber (Festlegung der Stundenanzahl) und ein erfolgreiches Bestehen der Probezeit.

7. **Prämienauszahlung: Ab wann gilt eine Vermittlung als erfolgreich?** Im Vorfeld sollte klar kommuniziert werden, wann der Mitarbeiter seine Prämie ausgezahlt bekommt und wann nicht. Geht es allein um die Vermittlung, muss die Probezeit bestanden werden, bekommt er andernfalls die Hälfte oder immerhin ein Viertel der Prämie?

8. **Interne Bekanntmachung:** Stehen ausreichend Kommunikationsmittel wie Intranet, Flyer, Aushänge, Mailverteiler etc. zur Verfügung, um das Prämienmodell zu bewerben?

9. **Administration des Empfehlungsprogramms:** Es muss klar erkennbar sein, ob und durch wen ein Kandidat angeworben wurde. Hier kann ein Formular in zweifacher Ausführung helfen: Eins für den Empfehlenden, das er unter Angabe seiner und der Kontaktangaben des neuen Mitarbeiters an die Personalabteilung weiterleitet, und eins für den neuen Mitarbeiter, das er beispielsweise zum ersten Termin mitbringt. Das Handling sollte für die Mitarbeiter so einfach und unbürokratisch wie möglich sein.

10. **Messung des Erfolgs eines Empfehlungsprogramms:** Interessant ist eine Kostengegenüberstellung von Stellenbesetzungen über das Prämienmodell versus Stellenbesetzungen über andere Kommunikationswege. Auch die Bewerberqualität sollte mit anderen Kanälen verglichen werden.

Prämienmodelle sind prinzipiell lohnenswerte Maßnahmen. Im Gegensatz zu allen anderen Maßnahmen sind sie maximal verhaltensauslösend bei geringen Kosten, auch wenn 8000 EUR, wie sie am Klinikum München ausgezahlt werden, sehr hoch klingen mögen. Doch die Ausgaben rentieren sich, denn jedes Intensivbett, das aufgrund des Pflegemangels nicht belegt werden kann, bedeutet durchschnittlich einen Verlust von 2800 EUR pro Tag.

Literatur

Amberg M (2013) Corporate TV: Mitarbeiter mit bewegten Bildern erreichen. In: Dörfel L (Hrsg) Instrumente und Techniken der internen Kommunikation. Instrumente zielgerichtet einsetzen, Dialoge erfolgreich managen, Bd 2. prismus communications GmbH, Berlin

Bauer C, Greve G, Hopf G (2011) Online Targeting und Controlling. Grundlagen – Anwendungsfelder – Praxisbeispiele. Gabler, Wiesbaden

Berufsinformationsmesse für Gesundheit und Soziales JOBMEDI. ► www.jobmedi.de. Zugegriffen: 15. März 2018

Brandstädter M, Ullrich T, Haertel A (2013) Klinikmarketing mit Web 2.0. Ein Handbuch für die Gesundheitswirtschaft. Kohlhammer, Stuttgart

Das Statistik-Portal (2017) Statistiken zu Facebook. ► https://de.statista.com/themen/138/facebook/. Zugegriffen: 15. März 2018

Deutsche Post AG (2017) Werbemarkt Deutschland. Dialogmarketing-Monitor. Studie 29. Deutsche Post AG, Bonn

Dürscheid A (2011) Targeting in social networks. Av Akademikerverlag, Saarbrücken

Engelken T (n. d.) Targeting: Methoden und Lösungsansätze. ► https://www.onlinemarketing-praxis. de/targeting/targeting-methoden-und-loesungsansaetze. Zugegriffen: 16. März 2018

Facebook (n. d.) Wähle deine Zielgruppe. ► https://de-de.facebook.com/business/products/ads/ad-targeting. Zugegriffen: 16. März 2018

Fachverband Aussenwerbung e. V. (n. d.a) Die Großfläche. ► https://www.faw-ev.de/out-of-home-medien/plakatwerbung/grosflache/. Zugegriffen: 31. Mai 2018

Fachverband Aussenwerbung e. V. (n. d.b) Ambient Media. ► https://www.faw-ev.de/out-of-home-medien/ambient-media/. Zugegriffen: 31. Mai 2018

Institut der deutschen Wirtschaft Köln e. V. (2014) Handlungsempfehlung Schulkooperationen. ► https://www.kofa.de/fileadmin/Dateiliste/Publikationen/Handlungsempfehlungen/Handlungsempfehlung_Schulkooperation.pdf. Zugegriffen: 17. März 2018

Institut für Arbeitsmarkt- und Berufsforschung (2016) Fast jede dritte Stelle wird über persönliche Kontakte besetzt. ► http://www.iab.de/de/informationsservice/presse/presseinformationen/kb0416.aspx. Zugegriffen: 3. März 2018

Institut für Public Health und Pflegeforschung (2011) Imagekampagne für Pflegeberufe auf der Grundlage empirisch gesicherter Daten Einstellungen von Schüler/innen zur möglichen Ergreifung eines Pflegeberufes. ERGEBNISBERICHT. ► https://www.pflege-ndz.de/files/content-asset/pdf-downloads/projekte/imagekampagne-pflegeberufe/Image_Abschlussbericht-Endfassung.pdf. Zugegriffen: 17. März 2018

Konschak B (2014) Professionelles Personalmarketing. Die richtigen Mitarbeiter für Ihr Unternehmen ansprechen und gewinnen. Haufe-Lexware GmbH & Co. KG, Freiburg

Litterst F (2016) Wie du den Facebook Pixel richtig einsetzt und deine Kampagnen rockst. ► https://www.adsventure.de/facebook-pixel/. Zugegriffen: 16. März 2018

Radiozentrale (n. d.) Acht Regeln für gute Spots. ► http://www.radiozentrale.de/kreation/wirkungsvolle-spots-8-regeln/. Zugegriffen: 20. Mai 2018

Rahmsdorf I (2018) Städtisches Klinikum zahlt 8000 Euro für neue Pflegekräfte. ► http://www.sueddeutsche.de/muenchen/fachkraeftemangel-staedtisches-klinikum-zahlt-euro-fuer-neue-pflegekraefte-1.3836221. Zugegriffen: 27. Jan. 2018

Roth P (n. d.) Facebook Targeting: Alle Möglichkeiten für die perfekte Zielgruppendefinition als Infografik. ► https://allfacebook.de/fbmarketing/facebook-targeting-infografik. Zugegriffen: 16. März 2018

Rusch C (2017) Kinowerbung und die Kosten – Lohnt sich ein Kinospot? ► https://kreativfilm.tv/kosten-kinospot/. Zugegriffen: 14. März 2018

Sippel B (n. d.) Bewerbertag – eine Alternative zum klassischen Einzelgespräch. ► https://www.marketingimpott.de/blog/bewerbertag-eine-alternative-zum-klassischen-einzelgespraech/. Zugegriffen: 10. März 2018

Tubefilter (n. d.) Durchschnittlicher Upload von Videomaterial bei YouTube pro Minute in ausgewählten Monaten von Mai 2008 bis Juli 2015 (in Stunden). In: Statista – Das Statistik-Portal. ► https://de.statista.com/statistik/daten/studie/207321/umfrage/upload-von-videomaterial-bei-youtube-pro-minute-zeitreihe/. Zugegriffen: 15. März 2018

Universitätsklinikum Münster (2018) AusBildungsChance am UKM. ► https://www.ukm.de/index.php?id=ausbildungsmesse. Zugegriffen: 2. Juni 2018

Personalmarketing implementieren – aus dem Alltag einer Klinikpflegedienstleitung

© Springer-Verlag GmbH Deutschland, ein Teil von Springer Nature 2019
S. Grootz, M. Brandstädter, F. Schaefer, K. Huthwelker, *Personalmarketing im Pflegedienst*,
https://doi.org/10.1007/978-3-662-54104-3_3

3.1 „Und plötzlich ist kein Personal da"

Personalmarketing in der Pflege unterliegt ebenso wie in allen anderen Branchen einem Perspektivwechsel. Die Frage lautet nicht mehr: „Wie finden die Bewerber uns?", sondern „Wie finden wir die passenden Mitarbeiter?" Jedes Unternehmen verfügt dabei über eine spezifische Form des Personalmarketings. Aber passt diese Form des Personalmarketings noch in das Anforderungsprofil als zukünftiger Arbeitgeber? (◘ Abb. 3.1).

Vor der Implementierung eines Personalmarketings im Bereich Pflege muss eine Ist-Analyse auf der Grundlage der folgenden Fragen erfolgen.

- Wo steht das Unternehmen?
- Welchen Stellenwert hat der Bereich der Pflege?
- Gibt es eine Strategie für den Bereich Personalgewinnung, Personalentwicklung?
- An welcher Stelle im Bereich des Unternehmens ist das Personalmarketing verortet?
- Sind Führungskräfte aus dem Bereich der Pflege involviert?
- Wie sieht die Unternehmenskultur aus?
- Welche Philosophie beinhaltet sie für den Bereich Personalmarketing?
- Gibt es einen eigenen Bereich Personalentwicklung?

Artefakte
• materiell (Einrichtung, Kleidung etc.)
• immateriell (Sprache, Rituale etc.)

sichtbar
interpretationsbedürftig
direkt zugänglich

Werte rufen
Artefakte hervor

Artefakte beeinflussen
Werterhaltungen

Bekundete Werte und Normen
(espoused values)

teilweise bewusst
teilweise sichtbar

Grundprämissen
„prüfen" neue Werte
und Normen

„erfolgreiche" Werte
werden transformiert
in Grundprämissen

Grundprämissen
(basic assumptions)

meist unbewusst
unsicher
nicht direkt zugänglich

◘ **Abb. 3.1**   Das Drei Ebenen-Modell der Unternehmenskultur. (Thomas 2005, S. 37)

Personalmarketing in der Pflege muss ein kontinuierlicher Prozess werden, damit die Ressource Mitarbeiter zur Zukunftssicherung einer Organisation beziehungsweise eines Unternehmens beiträgt. Hierbei ist es wichtig, nicht nur die „anzuwerbenden Mitarbeiter" im Auge zu haben, sondern auch die schon vorhandenen Mitarbeiter eines Unternehmens. Bei der Implementierung eines Personalmarketings ist die Unternehmenskultur von besonderer Bedeutung. Sie lässt sich begrifflich fassen als das „in der täglichen Interaktion von allen Mitgliedern geschaffene, unternehmensspezifische Sinn-, Wissens-, und Bedeutungssystem" und „bildet die Kultur des Unternehmens und schafft so die Grundlage dafür, dass die Mitglieder der Unternehmung sich und ihre Umwelt übereinstimmend wahrnehmen und eine übereinstimmende Orientierung für ihr Verhalten gewinnen" (Thomas 2005, S. 38).

Die erste Ebene ist die Ebene der Artefakte. In dieser Ebene befindet sich alles, was in einem Unternehmen sichtbar ist. Hierzu zählen in einem Krankenhaus zum Beispiel die Größe und der Aufbau der Stationen sowie die Funktionsbereiche, Dienstbesprechungen, Dienstkleidung oder der Umstand, ob die Bürotüren der Führungskräfte in der Regel offen oder geschlossen sind. Die zweite Ebene ist die Ebene der Werte und Normen. Auf dieser Ebene spiegeln sich die Unternehmensphilosophie und die strategischen Ziele eines Unternehmens wider. Auf der dritten Ebene sind die Grundprämissen verortet. Dies sind unter anderem die Unternehmensgeschichte und die Biografie seines Gründers (vgl. Kauffeld 2011, S. 42). Auf diesen drei Ebenen entwickelt sich auch der Träger eines Krankenhauses. Für eine Unternehmenskultur ist es entscheidend, ob ein Krankenhaus einen öffentlichen Träger, einen freigemeinnützigen Träger oder einen privatwirtschaftlichen Träger hat. Alle drei Ebenen bedingen sich gegenseitig und stehen in wechselseitigem Bezug. Es ist für ein Unternehmen wichtig, dass die bekundeten Werte und Normen von neuen Mitarbeitern geteilt werden, denn eine Unternehmenskultur hat folgende Funktionen: Sie

- dient der Abgrenzung gegenüber anderen.
- stiftet Identität.
- fördert die Bindung an die Organisation.
- unterstützt die Stabilität des Systems.
- gibt als Verhaltensmaßstab Orientierung.
- unterstützt die Sozialisation neuer Mitglieder (Kauffeld 2011, S. 44).

Die Unternehmenskultur ist faktisch die Basis dafür, welche Personalpolitik ein Unternehmen forciert und welche Art von Personalmarketing implementiert wird. Die Implementierung eines erfolgreichen Personalmarketings muss sich also heute an die Bewerber anpassen und nicht umgekehrt. Herrmann und Kältker (Herrmann und Kältker 2007, S. 19) verwenden in ihrem Buch eine Fabel von einer Giraffe und einem Elefanten, die es treffender nicht beschreiben könnte.

» „Die Giraffe hat ihr wunderschönes, preisgekröntes Giraffenhaus nach ihren Maßstäben und ihrem Geschmack ausgestaltet. Als sie den Elefanten spontan zu sich einlädt, wird dieser in ihrem hohen (aber schmalen) Domizil zum destruktiven Element. Obwohl er sich bemüht, eckt er überall an. Dessen ungeachtet kann sich die Giraffe eine Freundschaft oder eine Zusammenarbeit mit dem netten Elefanten durchaus vorstellen. Sie schlägt zur Lösung des Problems und damit zum Erhalt der Beziehung der beiden vor, dass der Elefant sich sportlich betätigt und Ballettstunden nimmt. Sie erwartet, dass seine Proportionen dadurch früher oder später dem Haus gerecht werden".

Wie lässt sich diese Fabel nun auf den Bereich Personalmarketing in der Pflege anwenden? Die Giraffe stellt das Pflegemanagement dar und das Haus der Giraffe ist das Unternehmen Krankenhaus. Die Einrichtung des Hauses basiert auf der Unternehmenskultur und der daraus resultierenden Personalpolitik. Die zukünftigen Mitarbeiter sind der Elefant. Kern der Fabel ist die Aussage, dass der Elefant niemals von sich aus in das Haus passen kann, da die Voraussetzungen des Hauses, nämlich dessen Bauweise, es nicht zulassen. Erkennt die Giraffe diesen Umstand nicht, werden sie niemals ohne Konflikte in dem Haus wohnen können. Was bedeutet dies für das Personalmarketing in der Pflege?

Als Pflegemanager muss man sein Personalmarketing so gestalten, dass – sofern man „Elefanten" haben will – auch die Bedingungen erfüllt sind, damit sie in das Unternehmen passen und sich dort wohlfühlen können.

3.2 Theorie und Praxis

„**Personalmarketing,** so Kauffeld, dient der langfristigen Gewinnung und Bindung von qualifizierten Mitarbeitern" (Kauffeld 2011, S. 95). Doch was verbirgt sich hinter diesem Satz? Personalmarketing hat schon nach Scholz (1999) nicht nur eine Akquisitionsfunktion, sondern auch eine Motivations- und Profilierungsfunktion. Mit „**Akquisitionsfunktion**" ist gemeint, dass externe Bewerber sich für das Unternehmen und für die zu besetzende Stelle interessieren. Um Interesse zu erzeugen, sind nicht nur Lohn-und Arbeitszeitregelungen, sondern auch immaterielle und emotionale Aspekte des Unternehmensimages wichtig. Die **Motivationsfunktion** bezieht sich darauf, die Mitarbeiter, die bereits in dem Unternehmen tätig sind, für das Unternehmen zu begeistern. Je mehr sich ein Mitarbeiter mit der vorherrschenden Unternehmenskultur identifizieren kann, desto eher wird dies gelingen.

Die **Profilierungsfunktion** hingegen beinhaltet, dass sich das Unternehmen durch seine Besonderheiten für potenzielle und bestehende Mitarbeiter klar und differenzierbar positioniert und sich dadurch gegenüber anderen Unternehmen profiliert. Diese Positionierung bestimmt die Akquisitions- und Profilierungsfunktion entscheidend mit (Kauffeld 2011, S. 97).

Diese von Scholz beschriebenen Funktionen für den Bereich Personalmarketing treffen heute noch genauso zu, auch wenn sie durch andere Begrifflichkeiten ersetzt wurden. Das Schaubild von Kanning zeigt dies auf (◘ Abb. 3.2).

Darin zeigt Kanning das enge Ineinandergreifen von **Personalmarketing, Mitarbeiterbindung** und **Employer Branding.** Für den Bereich Personalmarketing weist er auf einen sehr fruchtbaren Ansatz hin. Es geht nicht allein um die Akquise der richtigen Bewerber. Ebenso wichtig ist das Gelingen, Bewerbungen „falscher" Kandidaten zu vermeiden. Mitarbeiterbindung ist ein großes Thema in vielen Kliniken. Die Problematik, Mitarbeiter zu finden, ist die eine Seite, diese danach zu halten, die andere. Kanning weist dabei dem Employer Branding besondere Bedeutung zu: „Ein

Abb. 3.2   Beziehung zwischen Personalmarketing, Employer Branding und Mitarbeiterbindung. (Kanning 2017, S. 3)

allgemein positives Arbeitgeberimage erleichtert das Personalmarketing unabhängig von den konkreten Anforderungen und spezifischen Konditionen einer vakanten Stelle. Die Etablierung eines positiven Arbeitgeberimages in der Belegschaft fördert zudem die Mitarbeiterbindung, da sich die Mitarbeiter stärker mit ihrem Arbeitgeber identifizieren" (Kanning 2017, S. 3–4). In diesem Zusammenhang spielt das „Onboarding" eine große Rolle: die Integration neuer Mitarbeiter in die Organisation. Auf internationaler Ebene findet häufig der Begriff „Onboarding" als „das an Bord nehmen neuer Mitarbeiter" Anwendung (Schmidt 2013, S. 10). Wichtig ist es, dem neuen Mitarbeiter einen gelungenen Karrierestart zu ermöglichen, der nicht nur im Interesse des Unternehmens liegt, sondern wesentlich zur Unternehmensbindung in der Wahrnehmung des Mitarbeiters beiträgt (vgl. Kauffeld 2011, S. 12). Diese einzelnen Begriffe gilt es, in der Praxis der Pflegeleitung mit Leben zu füllen. Personalmarketing in der Pflege stellt sich damit so unterschiedlich dar wie die Kliniken selbst. Angefangen von „Einzelkämpfern" bis hin zu großen Geschäftsbereichen, die direkt am Vorstand angesiedelt sind, sind alle Varianten auf dem Markt vertreten. Sie bestehen aus Pflegemanagern, Arbeitspsychologen oder klassischen Personalern. Unabhängig davon, wie eine Klinik aufgestellt ist und welche Motive sich hinter der Struktur der Zusammensetzung des Bereiches Personalmarketing verbergen: Es handelt sich um ein lernendes System, es braucht ein strategisches Vorgehen, das nicht ohne die betreffende Berufsgruppe entwickelt werden kann.

Im Rahmen der Implementierung von Personalmarketing mit entsprechenden Maßnahmen müssen im Vorfeld Konzepte zu zwei Fragestellungen erstellt werden.

- Wie sieht die Personalbedarfsanalyse aus?
- Welche Zielgruppen sind für das Personalmarketing von Bedeutung?

Im Rahmen der Personalbedarfsanalyse sind folgende Kriterien für die Quantität der zu besetzenden Stellen zu berücksichtigen:
- Aktuell zu besetzende Stellen
- Zu erwartende vakante Stellen (Elternzeit/Ruhestand)
- Fluktuationsbedingt vakante Stellen
- Erweiterung des Leistungsspektrums
- Steigerung der Leistung
- Gesetzliche Vorgaben
- Wandel im Gesundheitssystem
- Fusionen
- Qualifikationsmix

Um die Qualität der zu besetzenden Stellen zu erfassen, bedarf es zusätzlich einer **Anforderungsanalyse,** die stets Teil der Personalbedarfsanalyse sein sollte. Die Anforderungsanalyse hilft, den zu besetzenden Arbeitsplatz zu untersuchen, um Folgendes zu erkennen:
- Welche Kompetenzen benötigt der zukünftige Mitarbeiter?
- Welche Zielgruppe muss angesprochen werden?
- Wie muss das Bewerbungsverfahren gestaltet werden? (vgl. Kanning 2017, S. 32).

In der Regel liegt eine Stellenbeschreibung vor, die eine Richtlinie für die Anforderung bilden kann. Sinnvoll ist es aber auch, die Experten vor Ort einzubeziehen, bestenfalls den aktuellen Stelleninhaber oder seine Kollegen und Vorgesetzten. Ein interdisziplinäres „Bild" der zu besetzenden Stelle durch die Beurteilung anderer Berufsgruppen hilft, die Zielgruppe näher zu definieren. Wie detailliert die Anforderungsanalyse sein muss, hängt mit dem zu erwartenden Anforderungsprofil der zu besetzenden Stelle zusammen. Die zweite wichtige Frage ist die nach den Zielgruppen: Welche Zielgruppe will und muss ich ansprechen und welche Erwartungen hat diese? Reichen meine Maßnahmen, die ich bis jetzt im Personalmarketing angewendet habe, noch dafür aus? Um diese Frage zu beantworten, müssen zunächst die Zielgruppen identifiziert werden. Hierbei geht es um Zielgruppen außerhalb des Unternehmens sowie Zielgruppen innerhalb des Unternehmens. Hierbei ist entscheidend, dass sich das Personalmarketing mit den Erwartungen der einzelnen Zielgruppen beschäftigt und sich daran orientiert. Entscheidender denn je ist dabei die **Nachwuchsförderung.**

Die Auswahl an Studiengängen und Ausbildungsberufen war nie vielfältiger als heute. Diese Fülle an Möglichkeiten trifft auf eine Generation Y mit besonderen Bedürfnissen.

Weitere Zielgruppen sind:
- Wiedereinsteiger nach Elternzeit
- Bereits im Unternehmen tätige Mitarbeiter
- Mitarbeiter aus anderen Berufsfeldern
- Wechselwillige Arbeitnehmer

- Praktikanten und Freiwilligendienste
- Mitarbeiter aus dem Ausland

Jede Zielgruppe hat ihre eigenen Erwartungen und Bedürfnisse. Es wird sich aber im nächsten Kapitel zeigen, dass es viele Schnittstellen gibt, auf die ein Personalmarketing aufbauen kann.

3.3 Typische Fehlerquellen

Aus Fehlern lernt man. Das gilt auch und vor allem für das Personalmarketing, das sich immer wieder neu aufstellen und die Maßnahmen kritisch hinterfragen muss.

- Fehlende Strategie: reagieren, anstatt zukunftsorientierte Strategien
- Fehlende personelle Ressourcen
- Kein bewerberorientiertes Personalmarketing
- Keine Zielgruppenorientierung
- Fehlendes Employer Branding
- Mitarbeiterbindung hat nur sekundären Stellenwert
- Fehlende Objektivität bei der Bewerberauswahl
- Fehlende Transparenz im Bewerbungsverfahren
- Fehlendes oder nicht adäquat verteiltes Budget
- Fehlende Evaluation
- Fehlende Akzeptanz bei den Mitarbeitern
- Fehlende Unterstützung durch andere Berufsgruppen

3.4 Kriterien eines effektiven Recruitings

Ein effektives Recruiting zeichnet sich durch das Finden „des richtigen Mitarbeiters" für die „richtige Stelle" aus – und dies auf lange Sicht (◘ Abb. 3.3).

Die dort genannten Kriterien sind sicherlich nicht umfassend und wie das Recruiting selbst ein lernendes System und damit wandelbar.

3.4.1 Personalbedarfsanalyse

Im Rahmen der Personalbedarfsanalyse geht es nicht nur um das Erfassen der aktuell vakanten oder zu erwartenden vakanten Stellen, sondern um Weitsicht. Personalmarketing als „Feuerwehr" zu sehen, die nur dann aktiv wird, wenn es brennt, wäre fatal. Denn auch die Feuerwehr setzt auf Präventivmaßnahmen und versucht im Vorfeld, Brände zu vermeiden. Für das Personalmarketing in der Pflege bedeutet das eine enge interdisziplinäre Zusammenarbeit mit den einzelnen Berufsgruppen wie dem Ärztlichen Dienst, dem Medizincontrolling, dem Kaufmännischem Controlling oder der Unternehmenskommunikation.

3

◘ Abb. 3.3   Kriterien eines effektiven Recruitings

Folgende weitere Fragen sollen dabei helfen, die Analyse zu verfeinern.
- Wie sehen die Ziele der Unternehmensführung aus?
- Liegt eine Leistungssteigerung vor oder ist diese zu erwarten?
- Soll das Leistungsspektrum erweitert werden?
- Sind weitere Fachbereiche geplant?
- Sind Fusionen geplant?
- Sollen neue Berufsfelder implementiert werden?

Auch ein Blick über den Tellerrand auf die Wettbewerber ist zu empfehlen.
- Wie sind die anderen Mitbewerber aufgestellt?
- Wo sind Schwerpunkte gesetzt?
- Kann es Kooperationen geben?
- Wie sind die Ausbildungszentren aufgestellt, sind Trends erkennbar?
- Wie sieht es berufspolitisch aus?
- Gibt es neue Richtlinien im Gesundheitswesen?[1]

---

1   Ein Beispiel, das aufzeigt wie wichtig es ist, bei der Personalbedarfsanalyse auch zukunfts-
orientiert zu denken, ist die G-BA (Gemeinsamer Bundesausschuss) Richtlinie zur Personalvor-
gabe bei der Intensivpflege von Frühgeborenen.

3.4.2 Anforderungsanalyse

In der Anforderungsanalyse wird festgelegt, welche Kompetenzen und Qualifikationen nötig sind, um die Stelle adäquat zu besetzen. Hierbei geht es vor allem um fachliche Qualifikationen und soziale Fähigkeiten. Bei der **fachlichen Qualifikation** sind unter anderem folgende Bereiche von besonderer Wichtigkeit.

- Fachwissen
- Expertenwissen
- Fort- und Weiterbildungen
- Berufserfahrung
- Vorherige Position
- Besondere Kenntnisse (vgl. List 2010, S. 19).

Bei zukünftigen Mitarbeitern aus dem Ausland fällt in den Bereich der fachlichen Qualifikation noch die Anforderung, ob die Berufsausbildung in Deutschland anerkannt wird und ob die Ausbildung oder das Studium die Schwerpunkte beinhalten, die der Arbeitgeber für die zu besetzende Stelle benötigt. Ein zusätzlicher wichtiger Faktor im Bereich der fachlichen Qualifikation sind die Sprachkenntnisse. Entspricht das Sprachniveau des Bewerbers den Anforderungen der zu besetzenden Stelle?

Zu den **sozialen Fähigkeiten** gehören unter anderem:

- Kommunikationsfähigkeit
- Flexibilität
- Kooperationsfähigkeit
- Empathie
- Teamfähigkeit.

3.4.3 Zielgruppenbestimmung

Nach der Personalbedarfs- und Anforderungsanalyse gilt es, einen passenden Kandidaten zu finden. Im Rahmen der Personalmarketingstrategie muss daher überlegt werden, welche Zielgruppe auf das Anforderungsprofil passt und wie dieses Profil für die Zielgruppe interessant wird. Man spricht auch von der sogenannten bewerberorientierten Personalgewinnung. Dabei ist es wichtig, zuerst die potenziellen Zielgruppen zu identifizieren und deren Bedürfnisse zu erkennen. Diese sind je nach Zielgruppe sehr unterschiedlich, weisen aber gemeinsame Schnittstellen auf. Zusammenfassend lassen sich daraus sechs Elemente extrahieren, die gute Arbeitgeber auszeichnen:

1. Sicherheit,
2. gute Anstellungsbedingungen,
3. interessante und abwechslungsreiche Arbeitsinhalte,
4. gute Entwicklungschancen
5. ein toller Teamgeist,
6. eine gesunde Work-Life-Balance (Buckmann 2016, S. 4).

Einige der zu identifizierenden Zielgruppen werden im Verlauf näher beschrieben und sind nur ein Ausschnitt möglicher Zielgruppen.

Zielgruppe: Auszubildende

Eine der wichtigsten Zielgruppen ist die Gruppe der zukünftigen und jetzigen **Auszubildenden.** Ohne eigene Ausbildungszentren könnten viele Einrichtungen im Gesundheitswesen nicht ihre weitere Existenz sichern. Doch wie sieht die Strategie aus, junge Menschen für den Beruf zu begeistern und sie dazu zu bringen, ihn auch nach der Ausbildung noch weiter auszuüben? Wie kann ich das Interesse wecken? Um diese Frage zu beantworten, muss geklärt werden, welche Erwartungen und Bedürfnisse diese Zielgruppe hat.

Aktuell im Fokus ist die Zielgruppe „Generation Y", sie lässt sich mit diesen Merkmalen näherungsweise beschreiben: Die Generation Y

- liebt flache Hierarchien,
- zeigt starkes Selbstbewusstsein,
- ist wissbegierig,
- ist freizeitorientiert,
- präferiert Selbstverwirklichung und Spaß im Beruf,
- fordert kontinuierliches Feedback,
- ist technisch sehr versiert,
- legt Wert auf Erhaltung der Individualität.

„Die Generation Y wünscht sich Führungskräfte, die als Mentor agieren, indem sie motivieren und regelmäßiges Feedback geben" (vgl. Roedenbeck-Schäfer 2014, S. 31–32). Diese Merkmale verbindet man weniger mit dem sehr stark hierarchiegeprägten Gebilde „Krankenhaus". Es ist eine Generation, die so erzogen wurde, dass sie in fast allen Lebenssituationen ein Mitspracherecht hat, viele Aspekte hinterfragt, ständiges Feedback bekommen will und in der Regel viel Aufmerksamkeit und Fürsorge erhält.

Die Möglichkeiten im Bereich der Ausbildung und des Studiums sind in ihrer Vielfältigkeit enorm gestiegen. Dies bedeutet für ein strategisches Personalmarketing, junge Menschen davon überzeugen zu müssen, dass eine Ausbildung oder ein Studium im Bereich Pflege genau diesen Ansprüchen entspricht. Die Zielgruppe muss sich angesprochen fühlen und das Gefühl haben, dass man sich glaubhaft um sie bemüht.

Von besonderer Bedeutung ist dabei ein Face-to-Face-Kontakt zu den zukünftigen Bewerbern. Dieser kann vielfältig sein: Besuche von Ausbildungsmessen, der direkte Kontakt zu Schulen, Infotage, Schnupperpraktika und Führungen in den Kliniken. Wichtig ist hierbei, dass sich das Personalmarketing die Unterstützung der aktuellen Auszubildenden holt. Es wirkt authentischer, wenn Menschen, die aktuell in der Ausbildung sind, über die Ausbildung berichten. Die Zielgruppe kann sich leichter mit Gleichaltrigen identifizieren.

Die Erfahrung zeigt, dass durch das Einbinden der jetzigen Auszubildenden auch ein positiver Effekt bei dieser Gruppe selbst erreicht wird. Sie werden in den Personalmarketing-Prozess mit eingebunden, ihre Meinung, ihr Engagement und ihre

Kreativität sind gefragt. Sie werden ernst genommen und erfahren Wertschätzung und bauen eine engere Bindung zum Unternehmen auf. Dies bedingt aber auch, dass der Bereich des Personalmarketings engen Kontakt zu den Auszubildenden hält. Der kann vielfältig aussehen: Auszubildenden-Newsletter, eigene Homepage oder gemeinsame Aktivitäten. Wichtig ist, dass das Personalmarketing von den Akteuren aus erster Hand erfährt, was diesen Beruf attraktiv macht oder welche Aspekte negativ sind. Ein regelmäßiger Kontakt und Austausch mit den Bildungszentren ist dabei unabdingbar.

Ein effektives Recruiting für den Bereich Ausbildung gelingt nur dann, wenn die Vorteile der Ausbildung und die spätere Attraktivität des Berufsfeldes vermittelt werden. Hilfreich ist hier das Angebot von freiwilligen Praktika in den unterschiedlichsten Bereichen. Aber auch hier gilt, dass der persönliche Kontakt zum potenziellen Bewerber besonders wichtig ist. Dieser Kontakt sollte auch konkrete Fragestellungen beinhalten. Welche Erfahrungen hat er während des Praktikums gemacht, welche Fragen und Ängste sind aufgetreten? Wie wird der Kontakt nach dem Praktikum aufrechterhalten, welche Informationen zu welchem Zeitpunkt werden benötigt, um dann zeitnah in den Bewerbungsprozess einsteigen zu können?

Um junge Menschen zu erreichen, die hinsichtlich der Entscheidung für eine berufliche Laufbahn unsicher sind, bieten viele Kliniken Freiwilligendienste an. Dies kann in Form eines Freiwilligen Soziales Jahres oder im Rahmen eines Bundesfreiwilligendienstes erfolgen. Dies ist die nächste wichtige Zielgruppe vor Ort.

Zielgruppe: Jahrespraktikanten und Freiwilligendienste

Entscheidend bei dieser Zielgruppe ist, dass schon ein unterschiedlich ausgeprägtes Interesse für das Berufsfeld Pflege vorhanden ist. Dies gilt es, zu erkennen, zu fördern und in die richtige Richtung zu lenken. Auch hier nimmt der persönliche Kontakt während des Praktikums einen hohen Stellenwert ein, beginnend mit Einführungstagen speziell für diese Zielgruppe, regelmäßigen Feedbackgesprächen, gemeinsamen Aktivitäten und interdisziplinärem Austausch.

Eine wichtige Rolle nehmen hierbei die Stations- und Funktionsbereiche der Kliniken ein. Sie müssen sich ihrer Verantwortung bewusst sein, dass es sich bei den Praktikanten und Freiwilligendienstlern nicht um „Störfaktoren" handelt, sondern um zukünftige Bewerber und damit vielleicht Mitarbeiter des eigenen Bereiches. Die Aufnahme ins Team und die Begleitung der jungen Menschen für ein Jahr bringt für beide Seiten eine Win-win-Situation. Hier ergibt sich die Möglichkeit für die Praktikanten und Freiwilligendienstler, innerhalb eines Jahres viele Facetten des Berufsbildes Pflege kennenzulernen und sich dem Beruf behutsam anzunähern. Für die Stations- und Funktionsbereiche einer Klinik ist es die Chance zu zeigen, was diesen Beruf ausmacht, und damit hoffentlich einen neuen zukünftigen Mitarbeiter zu gewinnen.

Zielgruppe: Wiedereinsteiger nach Elternzeit

Diese Gruppe hat in den letzten Jahren stark an Bedeutung gewonnen. Wie gelingt es Unternehmen, Mitarbeiter nach der Elternzeit wieder ins Unternehmen zu integrieren oder bestenfalls schon während der Elternzeit? Flexible Arbeitszeiten, Kinderbetreuungsangebote und Dienstplansicherheit sind dabei wichtige Bausteine. Entscheidend für diese Zielgruppe sind das Vertrauen zum Arbeitgeber sowie die

Sicherheit und eine Zukunftsperspektive für die Vereinbarkeit von Familie und Beruf. Der persönliche Kontakt und die Wertschätzung, nicht nur durch das eigene Team, sondern auch durch den Arbeitgeber insgesamt, sind von großer Bedeutung. Schon vor Beginn der Elternzeit sollte idealerweise ein Fahrplan zusammen mit den Vorgesetzten erstellt werden. Dabei werden Möglichkeiten für die Integration nach der Rückkehr aus der Elternzeit aufgezeigt.

Der Bereich Personalmarketing setzt seinen strategischen Schwerpunkt während der Elternzeit, indem er mit dem Mitarbeiter Kontakt hält und damit die Verbindung zum Unternehmen aufrechterhält. Dies kann sehr unterschiedlicher Natur sein. Es gibt Klinken, die ein sogenanntes „Mütter- und Väter-Café" anbieten, in dem in regelmäßigen Abständen die Möglichkeit besteht, sich als Mitarbeiter auszutauschen. Es bietet zudem den Rahmen für den Austausch von Neuigkeiten und der Informationsmitteilung über Veränderungen im Unternehmen, sodass der Mitarbeiter auch in der Elternzeit informiert bleibt.

Zusätzliche Instrumente, um den Kontakt zum Mitarbeiter zu halten, bestehen mit der Zusendung von Newslettern, Unternehmenszeitungen oder Fortbildungsprogrammen. Die Möglichkeit der Teilnahme an innerbetrieblichen Fortbildungen während der Elternzeit erhöht ebenso die Mitarbeiterbindung und den positiven Aspekt, dass die Fachlichkeit auch während der Elternzeit gefördert und weiter entwickelt wird.

Ein weiterer Punkt ist die zusätzliche Information über ausgeschriebene Stellen. Dies hat zwei bedeutsame Aspekte: Der Mitarbeiter fühlt sich wertgeschätzt und nicht vergessen und hat außerdem die Möglichkeit, auf einer anderen Position Familie und Beruf möglicherweise besser vereinbaren zu können. Andererseits besteht eine größere Chance, den „richtigen Mitarbeiter" für die „richtige Stelle" zu finden. Einladungen zum Beispiel zu Sommerfesten und Weihnachtsfeiern sollten selbstverständlich sein und stärken das Zugehörigkeitsgefühl zum Unternehmen.

Zielgruppe: Mitarbeiter aus dem Ausland

Diese Zielgruppe stellt den Bereich Personalmarketing vor große Herausforderungen und ist aktueller denn je. Es handelt sich hier nicht nur um eine Zielgruppe, sondern innerhalb dieser Zielgruppe muss ebenfalls differenziert werden. Möchte zum Beispiel das Unternehmen bewusst junge Menschen direkt nach der Ausbildung ansprechen, um ihnen durch Erhalt eines Arbeitsplatzes eine Zukunftsperspektive in Deutschland anzubieten und sie damit langfristig an das Unternehmen zu binden, oder möchte das Unternehmen Mitarbeiter mit viel Berufserfahrung gewinnen, die aber eventuell eine Rückkehrperspektive mit sich bringen? Das ist eine Herausforderung an sich, da jede Entscheidung für einen neuen Mitarbeiter nur eine Prognose ist, ob er mit seinen Fähigkeiten und seinem Willen sein Arbeitsfeld beherrschen wird (vgl. List 2010, S. 2). „Um festzustellen, ob jemand zum Unternehmen passt, muss man schon herausfinden, wie jemand tickt, was ihn antreibt, wie er die Dinge anpackt" (ebd.).

Steht die Entscheidung fest, Pflegekräfte aus dem Ausland zu rekrutieren, sollte deren Umsetzung nicht ohne vorheriges Konzept erfolgen. Der Bereich Personalmarketing muss sich im Vorfeld darüber bewusst sein, ob er die erforderlichen Fachkenntnisse und Ressourcen aufbringen kann, um das Konzept eigenständig zu erarbeiten. Hierbei ist es hilfreich, bei Bedarf externe Berater hinzuzuziehen. Empfehlenswert ist auch, Kontakt mit anderen Kliniken aufzunehmen, die schon Mitarbeiter aus dem Ausland angeworben haben.

Das Konzept sollte folgende Schwerpunkte beinhalten:

- Welches Land wähle ich aus?
- Welche Zielgruppe will ich erreichen?
- Welchen Rekrutierungsweg wähle ich?
- Wer führt die Rekrutierung durch?
- Wie sieht die Finanzierung aus?
- Wen binde ich in den Prozess mit ein?

Ziel sollte eine nachhaltige Personalentwicklung sein. Auch eine Rückkehrperspektive sollte in die Überlegungen einbezogen werden. Entscheidend ist natürlich auch das Anforderungsprofil der zu besetzenden Stelle. Entsprechend der Zielgruppe muss auch das zu entwickelnde Integrationsmodell aufgebaut werden. Dabei kann der Rekrutierungsweg unterschiedlich aussehen: Externe Dienstleister, Stellenanzeigen, Kontakte mit Hochschulen oder Job-Messen im Ausland. Je nach Maßnahme werden auch die Verantwortlichen für die Rekrutierung ausgesucht und entschieden, ob ein externer Dienstleister zur Unterstützung beauftragt wird. Wichtig ist – ebenso wie bei allen anderen Personalmarketingprojekten – die Begleitung durch das Pflegemanagement. Es ist ratsam, Vertreter des mittleren Managements sowie die Stations- und Funktionsleitungen zu involvieren. Diese Ebene ist von entscheidender Bedeutung bei der Frage, ob das Projekt „Pflegekräfte aus dem Ausland" gelingt. Die mittlere Managementebene von Beginn an in dem Projekt mitarbeiten zu lassen, bewirkt eine höhere Akzeptanz in der Mitarbeiterschaft.

Eine Job-Messe bietet die Möglichkeit fürs Pflegemanagement, erste Kontakte zu zukünftigen Bewerbern aufzubauen. Deshalb ist es notwendig, als Pflegemanager selbst auf der Messe vertreten zu sein. Zusätzlich ist es zielführend, einen oder mehrere Mitarbeiter aus den zukünftigen Arbeitsbereichen vor Ort als Ansprechpartner zu haben. So kann nicht nur das Pflegemanagement einen persönlichen Eindruck vom Bewerber gewinnen, sondern auch die zukünftigen Kollegen oder Vorgesetzten. In ersten Gesprächen kann unter Umständen schon die fachliche und persönliche Qualifikation erforscht und festgestellt werden, ob der Bewerber in das Anforderungsprofil passt. Auch der Bewerber kann seine Ängste, Erwartungen und Interessen äußern. Er kann erste Eindrücke von seinem möglichen neuen Arbeitgeber und Arbeitsplatz gewinnen. Die Klinik selbst kann sich repräsentieren und Ängste schon im Vorfeld abbauen. Erstes Vertrauen wird aufgebaut und die im Vorfeld recherchierten Informationen können ins Integrationsmodell für die neuen Mitarbeiter einfließen. Der Aufbau von Vertrauen und die damit verbundene Reduzierung von Ängsten sind wechselseitig. Auch die Mitarbeiter der eigenen Einrichtung können sich schon ein Bild von den möglichen Bewerbern machen und erste Kontakte knüpfen. Sind die formalen Bedingungen erfüllt, muss auf jeden Fall eine Hospitation in der Einrichtung erfolgen, denn Erwartungen und Realität können stark voneinander abweichen. Dies gilt für beide Vertragsseiten. Im Vorfeld muss ein Ablaufplan erstellt werden, der wichtige Fragen zu beantworten hilft; Welche Punkte sind mir als Arbeitgeber wichtig, welche Punkte für den Arbeitnehmer?

Ein Mentor aus dem entsprechenden Arbeitsbereich sollte benannt werden. Dies ist idealerweise ein Kollege, der schon erste Kontakte auf der Messe mit dem Bewerber knüpfen konnte. Der Bewerber sollte während seiner Hospitation aber nicht nur die Klinik kennenlernen, sondern auch die Stadt und die Region, in die er migriert. Kennenlernen kultureller Möglichkeiten und Freizeitaktivitäten und das Aufzeigen von Gemeinden, je nach Glaube oder Religion, helfen dem Bewerber bei der Entscheidung, den großen Schritt der Arbeitsmigration zu gehen. Zentral sind auch die Transparenz seines Arbeitsvertrages und die Gestaltung des rechtlichen Rahmens (z. B. Anerkennung der Berufserlaubnis). Die Erstellung eines „Unterstützerplans" ist eine weitere Maßnahme. Auch sollten dem Bewerber seine Entwicklungs- und Karrierechancen aufgezeigt werden. Die Wohnungssuche oder eventuell die Suche von Schul- und Kindergartenplätzen muss mit den Bewerbern individuell abgesprochen werden.

Erst wenn alle Formalitäten geregelt sind, sollte der Start in die „neue Arbeitswelt" beginnen. Der Mitarbeiter muss sich sicher und willkommen fühlen. Eine kontinuierliche Evaluation des Konzepts muss erfolgen, denn für viele Kliniken ist der Prozess der Arbeitsmigration neu und bietet viel Entwicklungspotenzial.

3.4.4 Strukturiertes Bewerbungsverfahren

Für Bewerber ist der Ablauf von Bewerbungsverfahren der erste Hinweis für die Qualitäten eines Arbeitgebers. Die Versprechen aus den Stellenanzeigen oder aus Imagefilmen müssen sich nun zum ersten Mal beweisen. Leider erleben die Kandidaten oft, dass die versprochene Wertschätzung und Mitarbeiterorientierung noch nicht für die interessierten Bewerber zutreffen. Leider gehören Bewerbungen, die nie beantwortet werden und langatmige Prozesse mit fehlender Transparenz zur Tagesordnung (vgl. Faber 2016, S. 8).

Für ein Bewerbungsverfahren gilt: **Je unkomplizierter, desto besser.** Vom Zeitpunkt der Ausschreibung bis hin zur Stellenbesetzung, also während des ganzen Bewerbungsverfahrens, muss der Kandidat im Mittelpunkt stehen und das Gefühl haben, dass Interesse an seiner Person besteht. Negative Erfahrungen mit Kontaktpersonen während des Bewerberverfahrens können dazu führen, dass der Bewerber abspringt (vgl. Michel 2016, S. 36).

Folgende Punkte sind für ein strukturiertes Bewerberverfahren unabdingbar:

- **Transparenz:** Es liegen dem Kandidaten zeitnah Informationen über den Ablauf des Bewerbungsverfahrens vor und er erhält regelmäßige Statusmeldungen zum Stand seiner Bewerbung und zum weiteren zeitlichen Ablauf.
- **Servicegedanke:** Es wird sich an den Bedürfnissen der Bewerber orientiert. Zum Beispiel: Angemessene Dauer für die Dateneingabe in Online-Formularen, schnelle Eingangsbestätigungen und verbindliche Rückmeldungen zu den nächsten Auswahlschritten, persönliche Absprache von Vorstellungsgesprächen.
- **Wertschätzung:** Kontaktmöglichkeiten zum Unternehmen aufzeigen, Ansprechpartner benennen. Freundliche und respektvolle Kommunikation, schriftlich wie mündlich. Angenehme Atmosphäre während des Vorstellungsgespräches selbst und Information des Kandidaten über die nächsten Schritte.

3.4.5 **Integrationsprozess**

Zu einem effektiven Recruiting gehört auch der Integrationsprozess. Hierbei kann das Vier-Phasen-Modell von Christiansen eine gute Orientierung geben.

1. Vorbereitungsphase
2. Orientierungsphase
3. Integrationsphase
4. Durchdringungsphase

Bei Christiansen dient die **Vorbereitungsphase** dazu, zukünftigen Mitarbeitern durch die Prozessverantwortlichen Informationen über das Unternehmen und den zukünftigen Arbeitsplatz zukommen zu lassen. Für ihn umfasst diese Phase insbesondere administrative Inhalte. Die **Orientierungsphase** ist bei Christiansen ein Kennenlernen des Unternehmens unter dem Schwerpunkt kultureller Aspekte (vgl. Schmidt 2013, S. 25–26).

Die Orientierungsphase im Integrationsprozess soll dazu dienen, die Unternehmenskultur und die Unternehmensgeschichte kennenzulernen. Hierzu können Mitarbeiterinformationstage ein gutes Instrument sein, deren Agenda die Historie des Unternehmens, die aktuelle Situation und Zukunftsvisionen des neuen Arbeitgebers enthält. Ein begleitetes Hospitieren in verschiedenen Bereichen, um die Abläufe im Unternehmen zu verstehen und ein Gefühl dafür zu bekommen, wie der neue Arbeitgeber „tickt", ist in jeder Position hilfreich. In der Orientierungsphase muss der neue Mitarbeiter eng von einem Mentor begleitet werden. Gute Einarbeitungskonzepte und strukturierte Feedbackgespräche sind nur zwei Bausteine der Orientierungsphase. Dem neuen Mitarbeiter muss Zeit gegeben werden, sich in seinem neuen Arbeitsbereich zu orientieren. Der zeitliche Rahmen kann je nach Zielgruppe und Mitarbeiter unterschiedlich gestaltet sein. Durch regelmäßige Mitarbeitergespräche werden Vertrauen und Sicherheit aufgebaut, mögliche Defizite erkannt und Nachqualifizierungen angeboten. Leider kommt diese Phase in vielen Bereichen aufgrund der engen personellen Ressourcen zu kurz.

Die **Integrationsphase** und **Durchdringungsphase** gehen bei Christiansen ineinander über. Je mehr ein Mitarbeiter in seinen Arbeitsbereich integriert ist, desto mehr geht die Verarbeitung von Informationen in den Bereich der Durchdringung. Christiansen siedelt in diesen Phasen ein vermehrtes Mentoring an. Auch ist die Karriereplanung ein Bereich, der gerade in der Durchdringungsphase an Bedeutung zunimmt (vgl. Schmidt 2013, S. 26).

Mentoring hat weiterhin einen hohen Stellenwert. Feedbackgespräche werden kontinuierlich weitergeführt. Der Mitarbeiter arbeitet jetzt aber eigenständig und hat einen größeren Verantwortungsbereich übernommen. Er kann seine Qualifikationen und sein Wissen anwenden. Es ist eine berufliche Entwicklung erkennbar und er findet seinen Platz im Team.

Im Integrationsprozess sollte die Phase der **Evaluation** nicht fehlen. In dieser Phase wird mit allen Beteiligten das Ergebnis analysiert. Ist der Mitarbeiter im Team integriert, hat er den Ansprüchen des Anforderungsprofils entsprochen. Wurden die Nah- und Fernziele erreicht und falls nicht, warum nicht? Sind die Erwartungen des

Mitarbeiters erfüllt worden oder traten Schwierigkeiten auf? In welcher Phase müssen die Prozesse noch angepasst oder verändert werden?

3.4.6 Kennzahlenboard

Kennzahlen dienen als Basis von Entscheidungen, zur Kontrolle und Verhaltenssteuerung. Sie geben Auskunft darüber, ob Zielsetzungen erreicht wurden. Kennzahlen sind eine wichtige Basis für das Personalmarketing, um auf objektive Kriterien im Recruitingprozess zurückgreifen zu können und neue zu erheben. Wichtig sind Kennzahlen für den Bereich Zeit, Kosten und Effektivität. Die Kennzahlen können je nach Unternehmen variieren. Die Praxis zeigt aber, dass folgende Kennzahlen in das Board gehören.

- Anzahl der zu besetzenden Stellen
- Anzahl der besetzten Stellen nach Zeitfaktor X
- Anzahl der Bewerbungen differenziert nach Zielgruppen und Maßnahmen des Personalmarketings
- Dauer des Bewerbungsverfahrens
- Mit welchen Maßnahmen wurden welche Bewerber gefunden?
- Wie wurden die Bewerber auf das Unternehmen aufmerksam?
- Kosten pro Bewerber
- Anzahl der Mitarbeiter nach sechs Monaten
- Wie viele Mitarbeiter verlassen das Unternehmen und warum?

Literatur

Buckmann J (2016) Personalmarketing to go, Frechmutige Inspirationen für Recruiting und Employer Branding. Springer Gabler, Heidelberg
Faber D (2016) Recruiting-Benchmarks. Personalmagazin Spezial Ausgabe 06/2016
Herrmann E, Kätker S (2007) Diversity Management, Organisationale Vielfalt im Pflege- und Gesundheitsbereich erkennen und nutzen. Huber, Bern
Kanning UP (2017) Personalmarketing, Employer Branding und Mitarbeiterbindung, Forschungsbefunde und Praxistipps aus der Personalpsychologie. Springer, Berlin
Kauffeld S (2011) Arbeits-, Organisations- und Personalpsychologie. Springer, Heidelberg
List K-H (2010) Praxisbuch Personalmanagement in der Pflege. Medizinisch wissenschaftliche Verlagsgesellschaft, Berlin
Michel S (2016) An der Technik hakt es selten. Personalmagazin Spezial Ausgabe 06/2016
Roedenbeck Schäfer M (2014) Personalgewinnung in der Pflege. Innovative Ideen-einfach umgesetzt. Urban & Fischer, München
Schmidt K (2013) Onboarding, die Integration neuer Mitarbeiter in die Organisation. Diplomica, Hamburg
Thomas A, Kinast EU, Schroll-Macht S (Hrsg) (2005) Handbuch interkulturelle Kommunikation und Kooperation. Bd 1: Grundlagen und Praxisfelder. Vandenhoeck & Ruprecht, Göttingen

Einsatz von crossmedialen Kampagnen

© Springer-Verlag GmbH Deutschland, ein Teil von Springer Nature 2019
S. Grootz, M. Brandstädter, F. Schaefer, K. Huthwelker, *Personalmarketing im Pflegedienst*,
https://doi.org/10.1007/978-3-662-54104-3_4

4.1 Definition einer Kampagne

Werbekampagne, PR-Kampagne, Wahlkampagne – jede der hier genannten Kampagnenformen verfolgt ein Ziel: den Adressaten vom eigenen Produkt, vom Wahlprogramm, von der eigenen Person oder der eigenen Leistung zu überzeugen. Eine Kampagne ist und bleibt die Königsdisziplin des Marketings. In den letzten Jahren ist auch die Gesundheitsbranche auf den Zug aufgesprungen, allerdings weniger mit reinen Image- als mit Personalkampagnen. Denn in Zeiten des Pflegemangels tun neue Wege der Anwerbung geeigneten Personals bitter Not.

Laut Gabler Wirtschaftslexikon (insert first with arrow and ▶ www.wirtschaftslexikon.gabler.de) versteht man unter einer Kampagne die

» Gesamtheit aller gestalteten Werbemittel und deren Einsatz in ausgewählten Werbeträgern (Media), Werbegebieten und in einem bestimmten Werbezeitraum. Die *inhaltlichen Ziele* einer Werbekampagne sollen mit einer zielgruppengerechten Ansprache vereinbar sein. Nach Erreichen der Werbeziele oder nach Ablauf des geplanten Werbezeitraums ist die Werbekampagne beendet.

Zusammengefasst ist eine Kampagne eine konzertierte Aktion: Sie ist die Klammer, die alle Einzelaktionen miteinander verknüpft und die zu transportierende Botschaft thematisch wie gestalterisch bündelt, in den meisten Fällen mit einem verbindenden Claim.

Die besondere Herausforderung einer jeden (Personal-)Kampagne besteht darin, die Aufmerksamkeit der Rezipienten zu gewinnen, was aufgrund ihrer Informationsüberlastung kein leichtes Unterfangen ist. Der US-amerikanische Futurologe Alvin Toffler prägte bereits 1970 den Begriff „information overload" – und damit lange vor Facebook, Instagram, Twitter, Youtube und Co., die die Werbekontakte um ein Vielfaches in die Höhe getrieben haben.

Um sich von der breiten Masse abzuheben und die gewünschte Zielgruppe mit der Personalkampagne dennoch zu erreichen, bedarf es eines crossmedialen Ansatzes.

■ **Crossmediale Strategie**

Im Gegensatz zur Regelkommunikation, die sich als eine Melange aus verschiedenen klassischen Werbeträgern versteht, zeichnet sich eine crossmediale Kampagne durch folgende Kriterien aus (angelehnt an Beck 2008, S. 52):

- Konsistente Botschaft/Leitidee
- Anpassung an das Mediennutzungsverhalten der Zielgruppe
- Aktive Nutzerführung unter Verwendung einer Verweisstruktur
- Multisensorische Ansprache
- Interaktionsmöglichkeiten
- Ständige Wiederholung der Botschaft
- Hohe Durchdringungskraft der Botschaft

Die konsistente Botschaft wird in vielen Kampagnen mit einem sogenannten Kampagnen-Claim wiedergegeben, der über alle Kanäle hinweg gestreut und wiederholt wird. Die Kanäle sollten je nach Zielgruppe bespielt werden und wechselseitig aufeinander verweisen. Der Vorteil für den Rezipienten: Er erhält weiterführende, aufeinander abgestimmte Inhalte, wobei die Informationen unterschiedlich aufbereitet sind: mal emotional, mal sachlich. In diesem Zusammenhang spielt die multisensorische Ansprache eine entscheidende Rolle, da sie eine höhere Erlebnisqualität und stärkere Wahrnehmungsintensität ermöglicht und dem Rezipienten damit nachhaltig in Erinnerung bleibt (Mahrdt 2009, S. 25). Diese Form der Ansprache über verschiedene Sinne lässt sich mithilfe einer Verknüpfung von klassischer und Below-the-Line-Kommunikation (BTL) erreichen. Ein Charakteristikum der BTL-Kommunikation ist die persönliche Ansprache des Konsumenten, die von demselben nicht direkt als Werbemaßnahme klassifiziert wird. Hierfür bieten sich Events wie Bewerbertage oder Messen (▶ Abschn. 2.3) an, da sie Raum für Interaktionen lassen.

Für das Unternehmen besteht der Vorteil eines crossmedialen Ansatzes in der höheren Durchdringungskraft der Botschaft, weil die Konsumenten die Botschaften über verschiedene Kanäle zu unterschiedlichen Zeitpunkten an mehreren Orten wahrnehmen. Werbeindikatoren wie Bekanntheit, Branding und Werbeerinnerung werden bei crossmedialen Kampagnen stärker beeinflusst (vgl. Beck 2008, S. 42).

4.2 Kampagnenkonzeption und -führung

4.2.1 Zielgruppenanalyse

Wer eine (internationale) Personalmarketingkampagne entwirft, sollte seine Zielgruppe genau kennen. Andernfalls ist die Gefahr zu groß, auf ganzer Linie zu scheitern – verbunden mit einem hohen finanziellen Schaden, immerhin sind die Kosten für Gestaltung (sofern eine Agentur mit der Konzeption und Gestaltung betraut wird) und Produktion der Werbemittel immens.

Im Hinblick auf die Adressaten gelten die im Eingangskapitel dargelegten Informationen zur Zielgruppenspezifizierung. Hinzu kommt eine Unterteilung nach Alter, Geschlecht und Einzugsgebiet, die sich mittels einer Prüfung der vorliegenden Bewerberdaten erstellen lässt:

1. Bewerben sich in Ihrem Unternehmen eher Frauen oder Männer?
2. Wie hoch genau ist der Prozentsatz?
3. Wie ist der Altersdurchschnitt?
4. Aus welchem Einzugsgebiet kommen die Bewerber?

Davon ausgehend lässt sich darauf schließen, welche Kommunikationskanäle die gewünschte Zielgruppe nutzt und in welchem Gebiet Ihre Kampagne geschaltet werden sollte. Sofern Sie eine internationale Personalmarketingkampagne planen, bedenken Sie als neue Zielgruppe auch die internationalen Pflegefachkräfte und deren Mediennutzungsgewohnheiten (▶ Abschn. 4.3).

Im Hinblick auf die Zielgruppe spielt der Faktor Zeit eine entscheidende Rolle. Falls Sie Auszubildende für die Gesundheit- und Krankenpflege suchen und der Kurs im Oktober beginnt, sollten Sie mit der Kampagne nicht erst im August an den Start gehen. Gleiches gilt für die Ansprache internationaler Pflegekräfte. Da in Ländern wie

Da Pflege in Ländern wie Spanien ein Hochschulstudium erfordert, sollte die Kampagne in das Zeitfenster fallen, in dem die Studierenden ihr Examen ablegen und sich auf die Suche nach einem Arbeitsplatz begeben.

4.2.2 Inhaltliche Gestaltung

Wenn Sie Ihre Zielgruppe definiert haben, sollten Sie sich überlegen, welche Botschaft Sie transportieren möchten. Was zeichnet die Arbeitswelt in Ihrem Krankenhaus aus, wodurch heben Sie sich von den Wettbewerbern ab? Viele Krankenhäuser werben mit der „Darstellung von tatsächlich nicht gelebten Arbeitgeberversprechen […]. Auch, wenn dieses der Not eines Fachkräftemangels geschuldet ist, muss hiervon dringend abgeraten werden" (Prölß und Loo 2017, S. 230). Entscheidend ist in jedem Fall der Faktor Ehrlichkeit: Das offene Zugeständnis von Nachteilen oder Schwächen schafft Vertrauen und mindert das Risiko enttäuschter Erwartungen an den Job (Felser 2010, S. 74). Ehrlichkeit erhöht auch die Glaubwürdigkeit der Kampagne, intern wie extern. Denn die eigenen Mitarbeitenden wissen ohnehin, wie es um die Arbeitsbelastung oder die Unternehmenskultur bestellt ist, und tragen dies in Gesprächen mit Freunden oder der Familie auch nach außen.

Bitte bedenken Sie außerdem, dass Ihre Botschaft über alle Kanäle hinweg funktionieren und dass Ihre Kampagne an jeder Einzelmaßnahme erkennbar sein muss: an der Sprache, am Design, am Claim, an der gleichen Domain etc. Falls Sie einen Claim entwickeln möchten, sollte dieser recht kurz sein, am besten drei bis vier Wörter, damit er erinnert werden kann. Oft werden Alliterationen benutzt oder inhaltliche Bezüge zur Marke hergestellt, um die Einprägsamkeit zu erhöhen (Konschak 2014, S. 62). Je nach Botschaft bietet es sich an, einen doppeldeutigen Claim zu kreieren; das wird in jedem Fall den Aufmerksamkeitswert erhöhen (▶ Abschn. 4.4).

Bei der Ideenfindung sind keine Grenzen gesetzt, im Gegenteil: Seien Sie mutig. Denn Ihre Kampagne steht im Wettbewerb zu klassischen Werbebotschaften rund um Themen wie Ernährung, Beauty, Autos oder Digitalisierung und, mit Blick auf den Krankenhausmarkt, auch in Konkurrenz zu Pflegekampagnen anderer Kliniken.

Skizzieren Sie zum Beispiel fünf Ideen und prüfen Sie diese mit folgenden Fragen auf ihre Machbarkeit:

1. Ist die Idee neu oder nur leicht abgewandelt?
2. Spreche ich mit meiner Idee meine Zielgruppe an?
3. Ist die Botschaft ehrlich und glaubwürdig?
4. Ist die Botschaft leicht verständlich?
5. Möchte ich die Botschaft emotional oder sachlich kommunizieren?
6. Möchte ich die Kampagne personalisieren?
7. Funktioniert die Idee über alle Kanäle oder ist sie nur für ein Medium geeignet?
8. Wie kann ich meine Idee visuell umsetzen?
9. Lässt sich die Idee mit einem Claim ausdrücken?
10. Wenn die Kampagne international funktionieren soll: Entspreche ich mit der Idee den Konventionen des Ziellandes oder kann es zu Missverständnissen kommen?

Es wird sich relativ schnell herausstellen, welche Idee das meiste Potenzial für eine Kampagne hat. Am besten stellen Sie Ihren Favoriten im Team vor und beobachten, wie die Idee bei der Testgruppe ankommt. Wer mag, kann bei der Ideenfindung folgende Tipps beachten.

Tipp 1: Nutzen Sie das Storytelling

Aufgrund der permanenten Informations- und Reizüberflutung durch diverse Medien sollte man bei der inhaltlichen Ausrichtung einer Kampagne neue Wege beschreiten, um sich aus der Flut an Zahlen, Daten und Fakten hervorzuheben. Im Vordergrund stehen sollten Authentizität, Motivation, Emotionalisierung und Aktivierung potenzieller Bewerber.

Darum empfiehlt sich für die inhaltliche Konzeption einer Pflegekampagne mehr denn je: narrativ (erzählend) statt deskriptiv (beschreibend) (Konschak 2014, S. 56). Die Theorie der Unternehmenskommunikation spricht vom sogenannten Storytelling. Der narrative Ansatz basiert auf dem Geschichtenerzählen, einem Relikt aus alter Zeit: Seit jeher erzählen sich Menschen Geschichten, viele Kinder freuen sich Abend für Abend auf ihre Gute-Nacht-Geschichte. Über alle Epochen hinweg hat sich das Erzählen als zentrales Mittel der Informationsverarbeitung und Wissensvermittlung bewährt. Außerdem vernetzt es Erzähler, Zuhörer und all jene, die die Geschichte kennen, hören, weitererzählen (Frenzel et al. 2004, S. 8–11). Wichtige Charakteristika einer Erzählung sind zudem Emotionen, Gefühle und menschliche Wertvorstellungen. All das hat zusammengenommen eine höhere Wirkung als faktenbasierte Berichte (Mast 2013, S. 54).

Wie erfolgreich der narrative Ansatz sein kann, zeigt sich an zahlreichen Beispielen aus der TV-Werbung. So war beispielsweise der „Weihnachtsclip" von EDEKA aus dem Jahr 2015, der die Geschichte eines einsamen, alten Mannes erzählte, der seinen Tod vorgab, um seine Familie zu vereinen, ein viraler Hit (Edeka 2015, youtube.com). Die EDEKA-Produkte spielten dabei nur eine untergeordnete Rolle. Auch die Gesundheitsbranche ist inzwischen – nicht flächendeckend, aber überwiegend – bei der Kampagnenkonzeption auf das Storytelling umgestiegen. Die Initiative des Thüringer Pflegepakts macht mit ihrer Kampagne „Pflege braucht Helden" aus jeder Altenpflegerin und jedem Altenpfleger einen „Helden" und erzählt „Heldengeschichten" auf der kampagneneigenen Website (◉ Abb. 4.1). Emotional und authentisch wirken die Geschichten dank Fotos und kurzer Clips, die die persönlichen Geschichten der Protagonisten in den Vordergrund rücken und dabei nur auf deren O-Töne setzen, es gibt keinen kommentierenden Off-Sprecher. Stattdessen erläutern die Pflegenden selbst, wie sie zu dem Beruf kamen, wie ihr Umfeld darauf reagiert hat, was ihnen besonders Freude macht und wie ihr Arbeitsalltag aussieht. Teilweise sprechen sie auch kritische Aspekte an, die zum Beruf dazugehören – eben das macht die „Heldengeschichten" ehrlich und glaubwürdig. Neben „Heldin" Ellen Kant, die mit einem kurzen Text und einem Clip vorgestellt wird (◉ Abb. 4.2), ist mit „Held" Alexander Kunz auch ein männlicher Protagonist vertreten (◉ Abb. 4.3).

Kritische Stimmen mögen die Leitidee „Pflege braucht Helden" infrage stellen. Wer sie missverstehen möchte, hat den Eindruck, man könne nur als wahrer Held bestehen, der wie eine Art Superman fortwährend außeralltägliche Leistungen vollbringen muss. Das ist zweifelsohne aufgrund immenser Stresssituationen häufig der Fall, sollte aber nicht von vornherein als Anspruch formuliert werden. So könnte die Arbeitnehmerseite die berechtigte Frage stellen, warum nicht einfach die Arbeitsbedingungen optimiert werden. An diesem Beispiel zeigt sich: Der Teufel steckt im Detail, jede Botschaft will gut durchdacht sein. Gleichwohl besteht bei aller Sorgfalt immer die Möglichkeit zu Missdeutungen. Wer Fehler sucht, der wird sie auch finden.

Storytelling wird auch am UKE in Hamburg großgeschrieben. Die Kampagne „Willkommen am Puls der Zeit" (läuft seit Ende 2017) lebt vor allem von den „Stories". Hier kommen Kurierfahrer, Hebammen, Gesundheits- und Krankenpfleger, Controller, Ärzte, wissenschaftliche Mitarbeiter und viele mehr zu Wort und erzählen von ihrem Arbeitsleben: Was ihnen an ihrer Arbeit Freude bereitet, wie gerne sie im Team arbeiten oder warum sie den Beruf ergriffen haben. Dank der dargebotenen Vielfalt an persönlichen Mitarbeitergeschichten, die authentisch und emotional sind, macht die Kampagne potenzielle Bewerber neugierig auf die Arbeit im UKE (◘ Abb. 4.4).

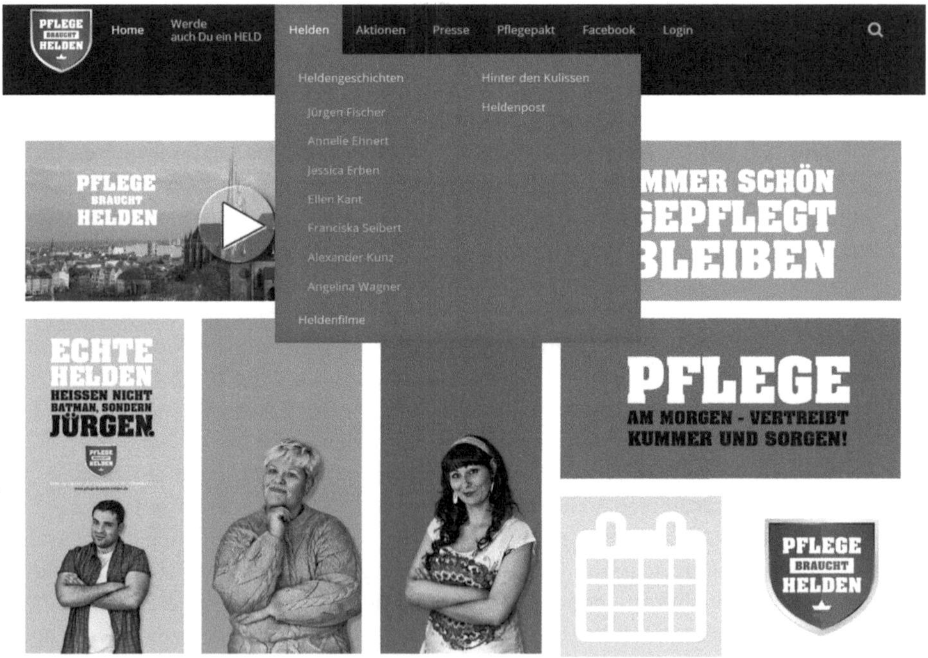

◘ **Abb. 4.1** „Heldengeschichten" mit weiterführenden Informationen zu den Protagonisten auf der Microsite zur Kampagne „Pflege braucht Helden". (Quelle: ► https://www.pflege-braucht-helden.de/. Zugegriffen: 6. Mai 2018)

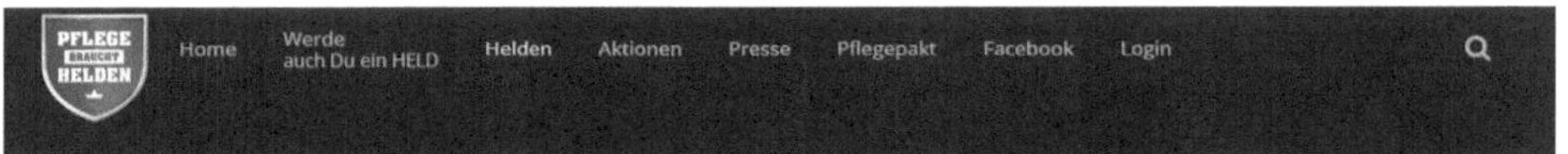

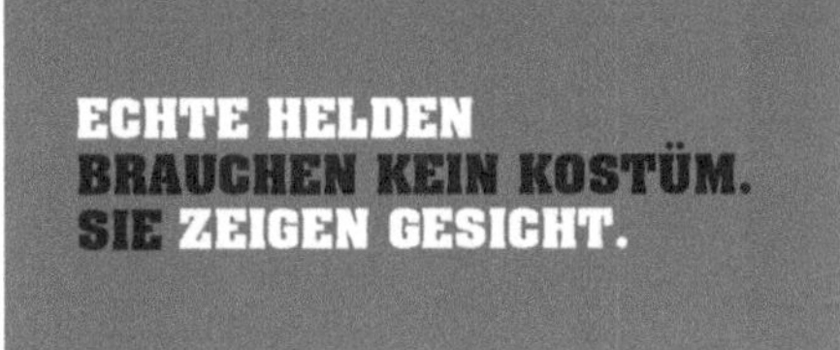

ELLEN KANT

Ellen ist examinierte Altenpflegefachkraft, ausgebildete Wundexpertin und Wohnbereichsleiterin im ASB Senioren- und Pflegeheim Georg Boock in Erfurt. Für Ellen war schon immer klar, dass sie in die Pflege gehen wird. Insbesondere, weil sie in dem Beruf im Team arbeiten kann und schnell Verantwortung für die Bewohnerinnen und Bewohner und natürlich auch für ein Team übernehmen kann. Möglichkeiten es zur Karriereplanung findest du hier.

Ellens Motto lautet: „Am Ende wird alles gut. Und ist noch nicht alles gut, ist es noch nicht das Ende".

Tags: Lebensmotto, Helden, Geschichte, Ellen, ASB

◘ Abb. 4.2 „Heldin" Ellen Kant mit kurzer Vorstellung und Bewegtbild. (Quelle: ▶ https://www.pflege-braucht-helden.de/die-kampagne/heldengeschichten/ellen-kant.html. Zugegriffen: 6. Mai 2018)

Tipp 2: Achten Sie auf die Erzählperspektive

Ein zweiter wichtiger Baustein ist die Erzählperspektive. Grundsätzlich ist ein Ich-Erzähler glaubwürdiger als ein personaler Erzähler – allerdings nur, wenn die gesendeten Botschaften auch auf ihn zugeschnitten sind. Keinesfalls sollte der Ich-Erzähler, der von seinem Job als Berufung oder von seinen Aufstiegschancen in einem Unternehmen erzählt, die Corporate Language sprechen. Ein Beispiel: „Die Uniklinik bietet mir interessante und anspruchsvolle Tätigkeiten an einem zukunftsweisenden und sicheren Arbeitsplatz" würde sich vom Duktus für einen personalen Erzähler anbieten, nicht aber für einen Ich-Erzähler. Für diesen eignete sich eher diese Aussage: „Die Uniklinik bietet mir die Chance, spannende Aufgaben zu übernehmen. Außerdem ist der Job als Pflegefachkraft krisensicher." Konschak (2014, S. 59) rät zu einem Zusammenspiel verschiedener Erzählperspektiven: Das Arbeitgeberversprechen sollte als klares Angebot aus Unternehmenssicht geschildert werden, während das „Testimonial"[1] aus der Zielgruppenperspektive Aufmerksamkeit und Glaubwürdigkeit schafft.

---

1   Testimonial = beispielhafte Mitarbeiteraussagen (vgl. Konschak 2014, S. 59).

ALEXANDER KUNZ

Alexander ist ein gutes Beispiel dafür, dass auch Männer im Altenpflegebereich arbeiten. Momentan befindet er sich in der Ausbildung zur examinierten Altenpflegefachkraft in der stationären Pflegeeinrichtung AWO Seniorenwohnpark Schlotheim.

Alexander hat während seiner Schulzeit Praktika in Altenpflegeeinrichtungen gemacht. Nach der Schule hat er erstmal eine Ausbildung zum Industriemechaniker begonnen. Allerdings hat er schnell gemerkt, dass der Altenpflegeberuf eigentlich das ist, was er immer machen wollte und die Ausbildung in der Altenpflege begonnen.

Alexanders Lebensmotto lautet: „Man muss seinen Weg gehen, aber auch Mut haben die Richtung zu ändern!"

Tags: Lebensmotto, Helden, Geschichte, AWO

◑ Abb. 4.3 „Held" Alexander Kunz mit kurzer Vorstellung und Bewegtbild. (Quelle: ▶ https://www.pflege-braucht-helden.de/die-kampagne/heldengeschichten/alexander-kunz.html. Zugegriffen: 6. Mai 2018)

Personifizierte Kampagnen sind authentisch, haben aber auch einen entscheidenden Nachteil: Verlässt das Gesicht der Kampagne wider Erwarten das Unternehmen, ist damit auch die Kampagne beendet. Darum ist es immer hilfreich, den Fokus nicht auf einen, sondern auf mehrere Protagonisten zu richten.

◧ **Abb. 4.4** „Stories" der Mitarbeitenden des UKE. (Quelle: ▶ www.whatchado.com/de/channels/uke. Zugegriffen: 17. März 2018)

4.2.3 Grafische Gestaltung

Der erste Eindruck zählt – das gilt auch für eine Kampagne, da wir unsere Umgebung in der Regel visuell wahrnehmen und innerhalb kürzester Zeit entscheiden, ob uns ein Foto, ein Claim, Farben, eine Schrift beziehungsweise die Gesamtkonzeption des Ganzen anspricht. Folglich entscheidet die Visualisierung einer Kampagnenidee mittels Layout, Typografie und Fotografie maßgeblich über den Erfolg des Vorhabens.

Im Hinblick auf das **Layout** sollte sich die Kampagne am Corporate Design des Unternehmens orientieren; nur so ist es dem Rezipienten möglich, auf den ersten Blick zu erkennen, wer ihn gerade anspricht. Dabei konzentriert sich das Layout auf das Wesentliche: Es „unterstützt die gewünschte Blickführung und hilft, die Botschaft wirkungsvoll zu inszenieren. Spannung entsteht durch unterschiedliche Größen von Text- und Bildelementen, durch dynamische Staffelung von Vorder- und Hintergrund oder durch aufmerksamkeitsstarke Farb- und Formkontraste" (Konschak 2014, S. 65). Die Schriften sollten allerdings nicht zu ungewöhnlich sein, außerdem eignet sich dunkle Schrift auf hellem Grund besser als helle Schrift auf dunklem Grund. Darüber hinaus sollte das verwendete Bild oben und darunter erst die Headline, der Claim oder andere Textelemente stehen (Felser 2010, S. 52).

Auch für Kampagnen gilt: Das Bild ist die Nachricht. Unsere Aufmerksamkeit wird automatisch daran gebunden, daher ist ein **Foto**, das die Botschaft transportiert, elementar wichtig. Der Vorteil bei Bildern: Sie stehen für sich und können ohne Worte eine Geschichte erzählen. Der Nachteil: Stockbilder aus Datenbanken wie Fotolia oder AdobeStock fallen damit in der Regel aus dem Raster. Schließlich erzählen sie nicht die Geschichte einer Ihrer Mitarbeiter, sondern stellen schöne, oft gestellt blickende Personen dar, denen man einen Job als Pflegefachkraft nicht zwingend abnimmt. Authentizität lautet also auch hier das Stichwort. Suchen Sie Mitarbeiter aus Ihrem Unternehmen, die dazu bereit sind, mit ihrem Gesicht das Unternehmen zu vertreten und somit Botschafter für das eigene Haus zu werden. Das hat nicht nur einen positiven Effekt nach außen, sondern erhöht auch die Akzeptanz innerhalb der Belegschaft. Für die Professionalität der Kampagne ist ein qualitativ hochwertiges Foto essenziell. Sparen Sie nicht an falscher Stelle, sondern beauftragen Sie einen professionellen Fotografen für das Shooting. Die Qualität des Bildes ist vor allem bei großflächiger Plakatwerbung wichtig (▶ Abschn. 2.6).

4.2.4 Budgetierung

Crossmediale Kampagnen verlangen einen detaillierten **Budgetplan**. Unter dem sogenannten **Kommunikationsbudget** versteht man die Summe der finanziellen Mittel, die für die Analyse, Konzeption, Produktion, Schaltung und das Controlling der Kommunikationsmittel und -maßnahmen veranschlagt wird. Das Budget lässt sich in ein internes und ein externes Budget aufteilen. Zum internen Budget gehören Kosten wie die geleistete Arbeitszeit durch das eigene Personal, zum externen Budget beispielsweise Agentur-, Produktions- und Distributionskosten. Internes und externes Budget ergeben zusammen das Gesamtbudget (Brandstädter et al. 2013, S. 43). Ist das Gesamtbudget festgelegt, müssen Einzelmaßnahmen beschrieben werden. Dazu zählt zum einen die Auswahl der Instrumente, zum anderen der dahinterliegende Zeitplan, der die Kosten maßgeblich beeinflusst. Checkliste für die Budgetierung:

- Welche Instrumente sollen eingesetzt werden?
  - Kinowerbung/Clips auf Youtube
  - Image-/Stellenanzeigen
  - Website/Microsite
  - Targeting und Retargeting auf Facebook
  - Flyer & Broschüren
  - Events wie Messen oder Bewerbertage
  - Schaltung von Citylights
  - Buswerbung
  - etc.
- Wie oft erscheint das einzelne Medium (einmal pro Woche, dauerhaft online)?
- Wie viel kostet jedes Instrument für sich genommen?
- Lässt sich die Reichweite definieren (soll auch international geworben werden)?
- Über welchen Zeitraum ist die Kampagne angesetzt (zyklisch, dauerhaft)?

Für die Budgetierung der Kampagne ist es möglich, Mittel innerhalb des Unternehmens umzuwidmen. Dafür bedarf es einer Prüfung der bisherigen Maßnahmen, die für das Personalmarketing eingesetzt wurden. Gegebenenfalls ist etwas verzichtbar, das man stattdessen in andere Kommunikationskanäle investieren kann.

Es empfiehlt sich, vorab für jede Maßnahme Angebote einzuholen. Je nach Budgethöhe kann es sinnvoll sein, für bestimmte Maßnahmen ein Gesamtpaket über einen Mediaberater zu buchen. Oftmals lassen sich Rabatte aushandeln, schließlich profitieren die Anbieter vor allem von der Langfristigkeit der Buchung. Bei den Angeboten hilft ein prüfender Blick: Die Brutto- und Nettokosten sollten detailliert ausgewiesen sein, damit es am Ende der Kampagne keine bösen Überraschungen gibt. Ratsam ist zudem, die Kosten und Ausgaben genau zu protokollieren. Dabei helfen im Internet frei zugängliche Budgetpläne.

4.3 Internationale Personalmarketingkampagnen

Aufgrund des Pflegefachkräftemangels in den letzten Jahren rücken bei der Akquise von Bewerbern zunehmend andere Länder in den Fokus des Interesses. Kernaufgabe ist es, eine international konsistente Arbeitgebermarke zu kommunizieren. Doch: „All communication is local". Dieser zentrale Grundsatz internationaler Kommunikation besagt, dass Ziele, Inhalte und Botschaften einheitlich festgelegt werden, sich die Vermittlung derselben aber an den jeweiligen Kulturgegebenheiten orientieren sollte (Mast 2013, S. 365).

Daher ist je nach Land gegebenenfalls eine andere Ansprache zielführend. Das gilt nicht nur für den Inhalt, der perfekt übersetzt oder bei Bedarf an die soziokulturellen Gegebenheiten angepasst werden sollte. Auch hier kann man auf das Storytelling zurückgreifen und eine Geschichte erzählen, die dem Kulturkreis gerecht wird. Eine Anpassung sollte gegebenenfalls auch bei Fotografien und Farben erfolgen, da diese abhängig vom Kulturkreis anders interpretiert werden beziehungsweise eine andere Bedeutung haben könnten. Für Fotografien ist es hilfreich, mit Menschen aus dem jeweiligen Kulturkreis zu werben, das erhöht die Akzeptanz vor Ort. Auch die Gesetzeslage und politische Rahmenbedingungen sollten Beachtung finden (vgl. Konschak 2014, S. 68; vgl. Mast 2013, S. 368). Beraten Sie sich hierzu mit einem Ansprechpartner vor Ort, beispielsweise einem Kooperationspartner von Universitäten oder Pflegefachschulen, der die Mentalität und Kommunikationsformen seiner Landsleute am besten einschätzen kann.

Für die Mediabuchung im Zielland empfiehlt sich die Kooperation mit einer Agentur, die alle Absprachen und Buchungsvorgänge übernimmt. Diese weiß auch um Ferienzeiten, Mediennutzungsgewohnheiten und technologische Voraussetzungen. Um nicht selbst anreisen zu müssen, können zur Überprüfung der erbrachten Leistung Fotos oder Berichte eingefordert werden. Bei einer guten Agentur müssen Sie gar nicht darum bitten, da gehört das Angebot selbstverständlich als Serviceleistung dazu.

4.4 Personalmarketingkampagne am Beispiel der Uniklinik RWTH Aachen

- **Hintergrund**

Aufgrund des hohen Fallschweregrads der Erkrankungen sind die fachlichen und persönlichen Anforderungen in der Pflege in einem Universitätsklinikum besonders hoch. Das zeigt sich deutlich am Beispiel der Uniklinik RWTH Aachen: Bundesweit hatte die Klinik zum Start der Kampagne im April 2016 den dritthöchsten Fallschweregrad (CMI von 1,8); auf NRW begrenzt behandelte kein Krankenhaus komplexere Erkrankungen[2]. 2008 belegte das Haus bundesweit noch Platz 19 – das bedeutet ein Wachstum von 25 % in den letzten Jahren, das zu einem hohen Bedarf an Fachkräften in der Pflege geführt hat, insbesondere in Bereichen wie OP, Intensiv und Weaning. Aachen ist auch in anderer Hinsicht ein Spezifikum: Die westlichste Stadt Deutschlands ist zwar geschichtsträchtig und dank ihrer Studierenden jung geblieben, büßt wegen ihrer Randlage bei Bewerberinnen und Bewerbern aus der Pflege allerdings an Attraktivität ein.

Um die offenen Stellen zu besetzen, ist die Uniklinik RWTH Aachen im April 2016 mit einer breit gefächerten Personalmarketingkampagne an den Start gegangen. Ebenso wie mehr als ein Viertel der Einrichtungen in Deutschland (Blum et. al. 2017; Krankenhaus Barometer 2017, S. 44[3]) setzte das Aachener Krankenhaus hierbei auch auf die internationale Akquise von Pflegefachkräften, im Speziellen auf dem spanischen Markt. Doch: Wer genau sollte eigentlich angesprochen werden? Frauen und Männer aller Altersklassen, nur Frauen, nur Männer oder eher Wiedereinsteiger?

- **Fundierte Zielgruppenanalyse, Authentizität und ein verbindender Claim**

Eine fundierte Zielgruppenanalyse an der Uniklinik RWTH Aachen hatte ergeben, dass es sich bei 80 % der Bewerberinnen und Bewerber in der Pflege um Frauen handelt. 70 % waren jünger als 30 Jahre alt, nur zehn Prozent zwischen 46 und 55 Jahre. Diese Auswertung gab – ausgehend von den üblichen Mediennutzungsgewohnten dieser Altersgruppe – auch Aufschluss darüber, über welche Kanäle die Zielgruppe am besten zu erreichen ist: Kino- und Radiowerbung, soziale Medien, Youtube, Citylights in der Stadt, abgerundet durch Imageanzeigen (statt Stellenanzeigen) und Informationsbroschüren. Kern der Kampagne sollte eine Microsite sein, die alle Informationen und Aktivitäten in dem Bereich bündelt (◘ Abb. 4.5). Dort nachzulesen sind unter anderem Infos über die Stadt Aachen und die Arbeit an der Uniklinik, außerdem wird von dort auf offene Stellen verlinkt. Darüber hinaus hatten sich die Verantwortlichen zum Ziel gesetzt, einen übergreifenden Kampagnen-Claim zu kreieren, der über alle Kanäle hinweg funktioniert – immer unter der Maßgabe, authentisch zu sein und nicht allzu pathetisch daherzukommen.

---

2   Der CMI gibt den Durchschnittswert für die gesamte Uniklinik RWTH Aachen an. Selbstverständlich gibt es an anderen Krankenhäusern einzelne Kliniken oder Fachabteilungen, die einen höheren CMI als 1,8 haben.

3   Die Beschäftigung ausländischer Pflegekräfte nimmt zu: Waren es laut Krankenhausbarometer 2015 noch 22 %, sind es 2017 schon 29 %.

4.4 · Personalmarketingkampagne am Beispiel der …

Dein Job

Schon einmal mit einem Job in der Universitätsmedizin geliebäugelt? Zugegeben, unser Haus wirkt auf den ersten Blick etwas wuchtig, aber wer will sich schon mit Äußerlichkeiten aufhalten. Wer den richtigen Job gefunden hat oder noch finden möchte, der weiß: Wie in einer Beziehung zählen die inneren Werte. Wir bieten Dir zahlreiche Perspektiven in einem der größten Krankenhäuser Deutschlands, eine faire Vergütung und attraktive Sozialleistungen, eine professionelle Einarbeitung und gute Aufstiegsmöglichkeiten, ein Uniklinik-Ticket für den Nahverkehr, vielfältige Dienstzeitmodelle, Kinderbetreuung, gute Weiterbildungen in Pflege und Medizin, Führungskräfteentwicklung und eine abwechslungsreiche Arbeit in netten Teams.

Du passt zu uns, wenn Du eine abgeschlossene Ausbildung in der Gesundheits- und Krankenpflege, der Kinderkrankenpflege, als operationstechnische/r Assistent/in oder als anästhesietechnische/r Assistent/in hast. Wir legen Wert auf Teamwork und eigenständiges Arbeiten. Natürlich freuen wir uns auch über Nachwuchs im Bereich der Gesundheits- und Krankenpflege. Wenn Du Dich für eine Ausbildung interessierst, findest Du hier alle wichtigen Informationen.

Wenn das Dein Fall ist, freuen wir uns auf Deine Bewerbung!

Dein Arbeitgeber
Pflege in der Uniklinik RWTH Aachen

Gesundheitsberufe haben Zukunft und diese wollen wir gemeinsam mit Dir gestalten. Wir, das sind Deine 6.800 zukünftigen Kolleginnen und Kollegen aus über 100 Nationen, die in 34 Kliniken und 27 Instituten arbeiten. Krankenversorgung, Forschung und Lehre – alles unter einem Dach. Hightech-Medizin, hochspezialisierte Zentren, multiprofessionelle Teams: Wir sind einer der größten Arbeitgeber der Region und decken in Aachen mit 1.400 Betten und 70 Stationen das ganze Spektrum moderner Medizin ab – von A wie Anästhesie bis Z wie Zahnprothetik. Und falls Du für Deinen Berufsweg ein Upgrade oder spezielle Fertigkeiten brauchst, bedeutet das umgekehrt: Es gibt hier keine Richtung, in die Du Dich nicht entwickeln kannst.

☐ **Abb. 4.5**   Microsite der Kampagne „Den Job will ich auch". (Quelle: Uniklinik RWTH Aachen,
► www.den-job-will-ich-auch.de)

Das Ergebnis: Unter dem Titel „Den Job will ich auch" stehen Ana, José, Shamili, Roman und Valentina seit April 2016 mit ihrem Namen und ihrem Gesicht als Botschafter für ihre Berufsgruppe; mit Ana und José sind auch zwei spanische Pflegefachkräfte vertreten. Der Claim funktioniert medienübergreifend und mehrsprachig, angefangen bei der responsiven Website mit der Domain ► www.den-Job-will-ich-auch.de (englisch: ► www.i-want-that-job-too.de; spanisch: ► www.yo-tambien-quiere-ese-trabajo.de) bis hin zu den Imageanzeigen, der Radiowerbung und dem Kinospot: Im Fokus steht stets eine Pflegefachkraft, die „den richtigen Job gefunden" hat und beim Leser, Zuschauer und Hörer aus der besagten Zielgruppe den Wunsch hervorrufen soll: den Job will ich auch! Ebenso funktionierten die Citylights, die parallel zur Kampagne im Stadtgebiet Aachen über viele Wochen in der Metro in Sevilla, Spanien aushingen, ◻ Abb. 4.6 und 4.7). Ergänzend zur Homepage wurde eine deutsch- und eine spanischsprachige Broschüre entworfen, die potenzielle Bewerberinnen und Bewerber über einen Job als Pflegefachkraft in der Universitätsmedizin Aachen informiert. Wer sich ganz unverbindlich einen Eindruck von der

◻ **Abb. 4.6**   Citylight „Shamili". (Quelle: Uniklinik RWTH Aachen)

◘ Abb. 4.7 Citylight „Ana und José". (Quelle: Uniklinik RWTH Aachen)

Uniklinik verschaffen wollte oder will, konnte und kann dies im Rahmen regelmäßig stattfindender Führungen durch das Haus tun[4].

Anders als bei allen Printpublikationen, bei denen mit den fünf Mitarbeiterinnen und Mitarbeitern geworben wurde, hat das Team der Uniklinik RWTH Aachen beim Radiospot und beim Dreh für den Kinoclip auf Profis gesetzt, um den hohen Ansprüchen an die täglich tausendfach rezipierten Formate gerecht zu werden. Als charmant-humorvolle Ergänzung wurden auch die „Outtakes" zum Videoclip auf der Kampagnen-Website und auf Youtube veröffentlicht (◘ Abb. 4.8).

Neben den fünf Markenbotschaftern sind im Rahmen des parallel zur Kampagne gestarteten Pilotprojekts „Mitarbeiter werben Mitarbeiter" alle Beschäftigten der Uniklinik RWTH Aachen gefragt. Jeder, der erfolgreich eine neue Fachkraft für die bettenführenden Pflege-bereiche, Notaufnahme, AN-OP oder OP wirbt, erhält eine Prämie von 1000 EUR (brutto). Die angeworbene Person muss eine in Deutschland anerkannte Ausbildung als Gesundheits- und (Kinder-)Krankenpfleger/in, OTA oder ATA haben und mindestens 80 % der regelmäßigen Arbeitszeit in der

---

4   Seit 2015 bietet die Uniklinik regelmäßig Führungen an: ▶ www.fuehrungen.ukaachen.de.

◘ **Abb. 4.8**   Microsite mit eingebundenem Kinofilm und Radiospot. (Quelle: Uniklinik RWTH Aachen, ▶ www.den-job-will-ich-auch.de)

Uniklinik RWTH Aachen erbringen. Seit dem Start der Kampagne in 2016 sind in der Pflegedirektion bereits 52 Anträge eingegangen, 21 Prämien konnten schon ausgezahlt werden (Stand Februar 2018).

■ **Hoher Aufmerksamkeitswert dank Medienpenetranz**

Zum Kampagnenauftakt kam man als Aachener kaum an den fünf Markenbotschaftern der Uniklinik vorbei: Morgens auf dem Weg zur Arbeit hörte man den Spot im Radio, fuhr an den Citylights vorbei, entdeckte die Imageanzeigen beim Surfen auf Facebook oder beim Durchblättern von Zeitschriften und sah den Videoclip beim abendlichen Kinobesuch.

Im Sinne der Below-the-Line-Kommunikation (▶ Abschn. 4.1) war ein Team der Uniklinik RWTH Aachen zum Start der Kampagne und der Kinowerbung bei der Ladies Night im Cineplex Aachen vertreten und wies mit einem Stand und Infomaterial auf die Beschäftigungsmöglichkeiten in der Pflege hin. Auch die lokalen Medien waren auf die Kampagne aufmerksam geworden und berichteten in ihren Reportagen im Radio, auf Facebook und in der Zeitung über die tägliche Arbeit von Ana, Shamili, Valentina, José und Roman.

■ **Fazit: Pflegekampagne = Allheilmittel?**

Bei dem zeitlichen und finanziellen Aufwand einer Kampagne, die auch hohe Anforderungen an die eigene Kreativität stellt, darf zu Recht gefragt werden: Wofür das alles?

Die größten Vorteile einer Kampagne liegen für das Unternehmen in ihrer **Dauer** und der **Crossmedialität**: Eine Kampagne bietet die Möglichkeit, die

Arbeitgebermarke mindestens über einige Monate, bei Bedarf sogar über Jahre hinweg in den Köpfen der Rezipienten zu verankern und die Marke damit zu stärken. Die hohe Durchdringungskraft ist der Crossmedialität zu verdanken, da die Rezipienten die Botschaft über einen längeren Zeitraum immer wieder über verschiedenste Kanäle und an unterschiedlichsten Orten wahrnehmen.

Trotz aller Vorteile: Eine Pflegekampagne ist ein Hilfs-, aber kein Allheilmittel. Sie allein kann weder den vorherrschenden Fachkräftemangel beheben noch verspricht sie, ad hoc alle Stellen zu besetzen. Eine Kampagne wirkt immer mittel- und langfristig, in den wenigsten Fällen sind sich die Bewerber später der Wirkung bewusst, denn sie bewerben sich meist nicht aufgrund eines einmal gehörten Spots im Radio. Aber der Spot wirkt, im Zusammenspiel mit den anderen Kommunikationsmaßnahmen, auf lange Sicht gesehen nach. Darüber hinaus ist eine Pflegekampagne immer auch als Imagekampagne zu sehen, die extern wie intern Wirkung entfaltet. Sie zeigt, dass das Unternehmen keine Kosten und Mühen scheut, aktiv Pflegefachkräfte anzuwerben. Übrigens: Sie werden es nicht allen Recht machen können, die „ewig Gestrigen", „Bedenkenträger" oder „Dauermeckerer" gibt es in jedem Unternehmen. Lassen Sie sich davon nicht irritieren oder von Ihrem Weg abbringen. Gleichwohl sollte konstruktive Kritik immer Gehör finden – nur so ist es möglich, die eigene Strategie zu optimieren.

Literatur

Beck C (2008) Personalmarketing in der nächsten Stufe ist Präferenz-Management. In: Beck C (Hrsg) Personalmarketing 2.0. Vom Employer Branding zum Recruiting. Wolters Kluwer, Köln

Blum K et al Deutsches Krankenhausbarometer 2017: Umfrage 2017. Deutsches Krankenhausinstitut e. V., Düsseldorf. ▶ https://www.dki.de/sites/default/files/downloads/2017_11_kh_barometer_final.pdf. Zugegriffen: 5. März 2018

Brandstädter M, Ullrich T, Haertel A (2013) Klinikmarketing mit Web 2.0. Ein Handbuch für die Gesundheitswirtschaft. Kohlhammer, Stuttgart

EDEKA Weihnachtsclip – #heimkommen (2015) ▶ https://www.youtube.com/watch?v=V6-0kYhqoRo. Zugegriffen: 19. Jan. 2018

Esch FR (2010) Werbekampagne. Springer Gabler Verlag (Gabler Wirtschaftslexikon). ▶ http://wirtschaftslexikon.gabler.de/Archiv/81497/werbekampagne-v6.html. Zugegriffen: 5. Mai 2017

Felser G (2010) Personalmarketing. In: Schuler H (Hrsg) Praxis der Personalpsychologie. Human Resource Management kompakt, Bd 21. Hogrefe, Göttingen

Frenzel K, Müller M, Sottong H (2004) Storytelling. Das Harun-al-Raschid-Prinzip. Die Kraft des Erzählens fürs Unternehmen nutzen. Deutscher Taschenbuch Verlag, München

Konschak B (2014) Professionelles Personalmarketing. Die richtigen Mitarbeiter für Ihr Unternehmen ansprechen und gewinnen. Haufe-Lexware GmbH & Co. KG, Freiburg

LIGA der Freien Wohlfahrtspflege in Thüringen e. V. Pflege braucht Helden. ▶ https://www.pflege-braucht-helden.de/. Zugegriffen: 8. Mai 2018

Mahrt N (2009) Crossmedia. Werbekampagnen erfolgreich planen und umsetzen. Gabler, Wiesbaden

Mast C (2013) Unternehmenskommunikation. UVK, Konstanz

Prölß J, Loo M van (2017) Wahre Schönheit kommt von innen – Das Krankenhaus als attraktiver Arbeitgeber. In: Jörg F D (Hrsg) Krankenhausmanagement. Strategien, Konzepte, Methoden. Medizinisch Wissenschaftliche Verlagsgesellschaft, Berlin

Springer Gabler Verlag (Hrsg) Gabler Wirtschaftslexikon, Stichwort: Werbekampagne. ▶ http://wirtschaftslexikon.gabler.de/Archiv/81497/werbekampagne-v6.html. Zugegriffen: 7. Jan. 2018

Uniklinik RWTH Aachen. Den Job will ich auch. ▶ http://www.den-job-will-ich-auch.de/. Zugegriffen: 9. Sept. 2017

Universitätsklinikum Hamburg-Eppendorf. Am Puls der Zeit. Unsere Stories. ▶ https://www.whatchado.com/de/channels/uke. Zugegriffen: 8. März 2018

Controlling und Effizienznachweis

© Springer-Verlag GmbH Deutschland, ein Teil von Springer Nature 2019
S. Grootz, M. Brandstädter, F. Schaefer, K. Huthwelker, *Personalmarketing im Pflegedienst*,
https://doi.org/10.1007/978-3-662-54104-3_5

5.1 **Controlling vor, während und nach dem Recruiting**

In Zeiten von Arbeitsverdichtung und knappen Budgets werden eine effiziente Vorgehensweise und ein strukturiertes Controlling auch im Personalmarketing immer wichtiger. Gerade im Krankenhausbereich wurde hier in der Vergangenheit Potenzial verschenkt, einmal betretene Pfade wurden nicht weiter hinterfragt. Doch mehr und mehr müssen der Einsatz von Mitteln, Mitarbeitenden und Budget gerechtfertigt werden. Die Frage nach der Relation von Aufwand und Nutzen gerät verstärkt in den Fokus der Unternehmensleitung; insbesondere der Beitrag der Personalbeschaffungs- und Marketingmaßnahmen zum Unternehmenserfolg wird zunehmend hinterfragt (vgl. Quenzler und Schuler 2011, S. 28 ff.).

Die Erfolgsmessung und das Reporting im Personalmarketing und Recruitment wurde lange Zeit vernachlässigt, aber wenn uns die Zukunft unseres Unternehmens am Herzen liegt, kommen wir nicht umhin, den Mehrwert unserer Arbeit zu vergleichen, in Zahlen auszudrücken und zu messen (Hahn 2016). Dafür bedarf es zuverlässiger Kennzahlen (Konschak 2014, S. 213).

Mehr als 90 % der Unternehmen halten die Erfolgsmessung im Recruiting und Employer Branding für wichtig oder sehr wichtig. Umso mehr überrascht es, dass mehr als die Hälfte keine Kennzahlen zur Bewertung ihrer Personalmarketingkampagnen heranzieht (vgl. Lechtleitner 2014).

Wer erfolgreiches Personalmarketing in der Pflege betreiben möchte, der muss, insbesondere in wirtschaftlich schweren Zeiten, über ein funktionsfähiges Controlling verfügen. Es darf hierbei nicht nur darum gehen, im Nachhinein die Marketingmaßnahmen zu kontrollieren und zu überprüfen. Die Prüfung der Instrumente und des Marketingmixes sollen auch als eine Art Frühwarnsystem zum Einsatz kommen. Ein perfekt funktionierendes Controlling gibt so rechtzeitig Aufschluss über veränderte Rahmenbedingungen, zum Beispiel einen sich wandelnden Arbeitsmarkt, Änderungen gesellschaftlicher Werte der Zielgruppe oder einen technologischen Wandel.

Controlling ist – auch und gerade im Personalmarketing – als Erfolgs-, Kosten- und Wirtschaftlichkeitscontrolling zu verstehen. Ebenso wichtig ist die Werte-, Prozess- und Ergebnisqualität, wenn man die Qualität des gesamten Unternehmens im Fokus hat (Batz 1996, S. 252 ff., ◘ Abb. 5.1).

Die Überprüfung des Personalmarketings anhand von Kennzahlen sollte man als kontinuierlichen Verbesserungsprozess (KVP) verstehen. Diese im Qualitätsmanagement gebräuchliche Formulierung beschreibt nichts anderes als das systematische Analysieren und Optimieren des Bestehenden, um eine andauernde Verbesserung zu erreichen (Kahla-Witzsch 2009, S. 154). Dieser Optimierungsprozess wird auch als PDCA-Zyklus bezeichnet (◘ Abb. 5.2). Nach einer Phase des Erkennens von Verbesserungspotenzialen und der Analyse der aktuellen Begebenheiten (PLAN), folgt die Phase der Umsetzung des neuen Konzepts (DO). Die nächste Phase umfasst dann das im Controlling verankerte Messen des Erfolgs anhand von Kennzahlen und die damit einhergehende Überprüfung und Bewertung der Maßnahmen des Personalmarketings (CHECK). In der letzten Phase (ACT) werden die notwendigen Anpassungen und Verbesserungen vorgenommen, damit die folgenden Marketingmaßnahmen noch besser greifen. Im Sinne des KVPs beginnt der Zyklus anschließend

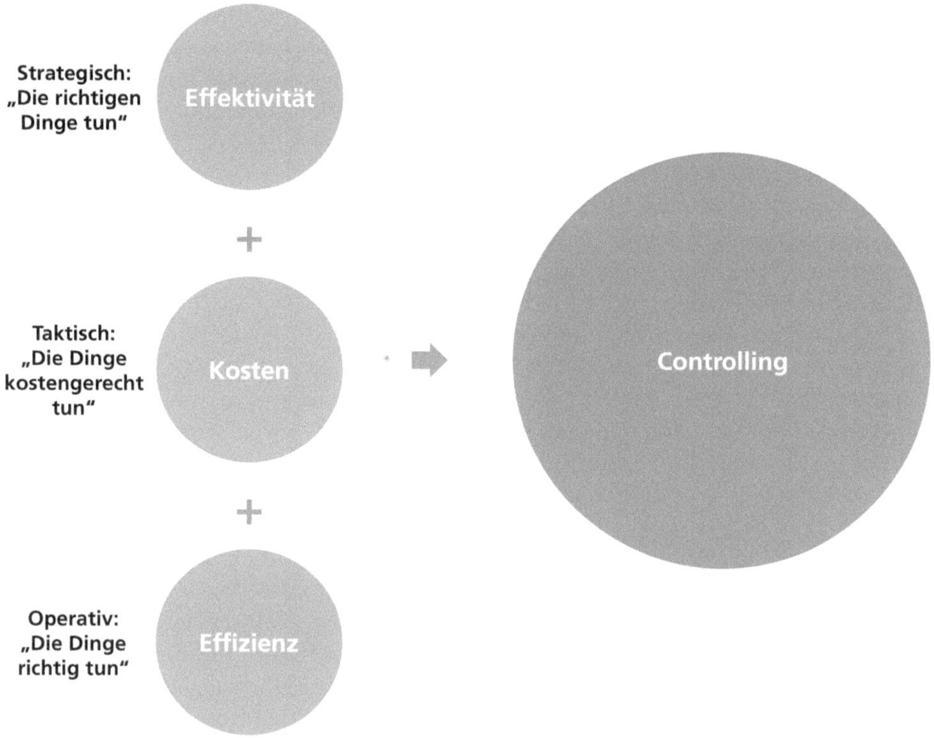

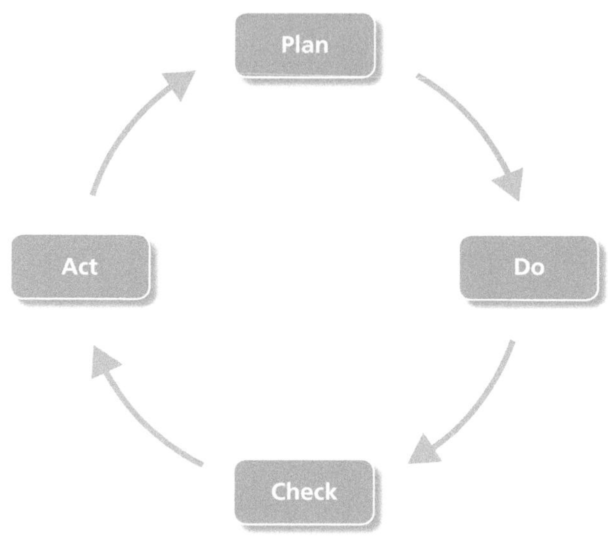

◘ Abb. 5.1 Qualitäten des Controllings in Anlehnung an Batz (1996)

◘ Abb. 5.2 PDCA-Zyklus. (Eigene Darstellung)

von vorne, sodass die Betrachtung des Marketingmixes und das Messen und Analysieren der Kennzahlen ein fortwährender Prozess bleibt (Kahla-Witzsch 2009, S. 15).

Der PDCA-Zyklus sollte beim Controlling sowohl kurzfristig für einzelne Maßnahmen als auch langfristig für den gesamten Personalmarketingprozess zum Tragen kommen (Konschak 2014, S. 220–226).

Aber wann ist eine Messgröße auch eine Kennzahl, die sich für den Einsatz im Controlling des Personalmarketings eignet?

„Eine Kennzahl macht in präziser und konkreter Form Aussagen über wichtige, zahlenmäßig erfassbare Tatbestände und Entwicklungen der Organisation" (Kiefer und Rudert 2006, S. 60).

Kennzahlen fassen Daten aus Tätigkeiten, Ergebnissen, Ressourcen und Wirkungen zusammen und verdichten diese in einer konzentrierten Form. Sie veranschaulichen und vereinfachen die komplexere Realität und sensibilisieren uns für Blickwinkel, die das Unternehmen sonst gegebenenfalls nicht bemerkt hätte. Kennzahlen machen eine Überprüfung und Erörterung der eingesetzten Maßnahmen möglich und ersetzen so intuitive Urteile, denen objektive Maßstäbe völlig fremd sind (ebd., S. 61).

Um es so einfach und effizient wie möglich zu halten, sollte es nur wenige Kennzahlen für einen Bereich geben; diese sollten aber umso aussagekräftiger sein. Sogenannte „Key Performance Indicators" (KPI) sind einfache und verständliche Leistungsindikatoren. Die Leistung, die in einem Bereich des Unternehmens erbracht wird, wird in Form einer Kennzahl gemessen und übersichtlich abgebildet. Die jeweilige Kennzahl macht sichtbar, ob der Unternehmensbereich, also in unserem Fall das Personalmarketing, seine vorgegebenen Ziele erreicht.

Das Ermitteln und Kombinieren von sinnvollen Messgrößen ermöglicht die Steuerung der Prozesse und Aufgaben. Das Festlegen von Sollwerten gibt hierbei die Ziele vor, die mit den Maßnahmen erreicht werden sollen (ebd., S. 62). Natürlich macht es nur wenig Sinn, Zielwerte vorzugeben und Kennzahlen zu ermitteln, wenn nach der Kontrolle keinerlei Maßnahmen daraus abgeleitet werden. Wenn der Soll-Wert nicht erreicht wird, nachdem eine Kennzahl gemessen und ausgewertet wurde, aber keine Konsequenzen daraus gezogen und keine Verhaltensänderungen eingeleitet werden, dann verliert die Kennzahl beziehungsweise der Key Performance Indicator seine Bedeutung.

Das Controlling sollte an die eigenen Wünsche des Unternehmens angepasst werden. Qualitative und quantitative Kennzahlen sollten sich dabei ergänzen. Die Schwierigkeit liegt nicht darin, einzelne sinnvolle Kennzahlen auszuwählen. Die Herausforderung ist, eine gute unternehmensindividuelle Mischung von Größen zu finden und daraus einen aussagekräftigen Kennzahlenmix zu schaffen. Ein weit verbreitetes und bekanntes Instrument ist die „Balanced Scorecard" mit den vier Dimensionen:

- Finanzen
- Kunden
- Prozesse und
- Mitarbeiter,

die auch beim Personalmarketing einen ganzheitlichen Blick auf das eigene Recruiting ermöglichen (Athanas 2011).

Ziel des Controllings im Personalmarketing ist es, durch Analysen, Kontrollen und Handlungsempfehlungen die Effizienz und Effektivität der Maßnahmen des Unternehmens zu sichern und zu verbessern. Verdichtete Informationen aus dem Controlling helfen dem Management auf allen Ebenen des Prozesses, kompetente und realistische Entscheidungen zu treffen. Die Ziele eines Unternehmens können vielfältig sein. Das Controlling hilft, Unternehmensziele zu identifizieren, zu definieren und zu quantifizieren. Die Identifizierung und Analyse von „Soll-Ist-Abweichungen" ist eine Aufgabe, so wie auch „Ziel- und Ressourcenkonflikte" erkannt und gelöst werden sollen. Zu guter Letzt werden durch das Controlling Maßnahmen vorgeschlagen, um erfasste Probleme zu beheben oder positive Entwicklungen zu verstärken (Heymann-Reder 2015).

Wichtig für die Aufgaben und die Effektivität des Controllings ist es, dass die erhobenen Daten und Kennzahlen nicht nur erfasst, sondern auch korrekt analysiert werden. Um zu kontrollieren, ob eine Maßnahme beziehungsweise die Maßnahmen des Personalmarketings strategisch, taktisch und operativ erfolgreich umgesetzt werden, bedarf es einer vorherigen Definition der Ziele. Beispielsweise braucht man einen Soll-Wert, um überprüfen zu können, ob eine ermittelte Kennzahl, wie die Anzahl der Bewerbungen, die Time-to-Fill, Time-to-Interview, oder die Cost-per-Hire, im Rahmen liegen, zu niedrig oder hervorragend sind. Die Vorgaben für die wichtigsten Kennzahlen für das Personalmarketing für die Pflege sollten idealerweise gemeinsam von den handelnden Gruppen definiert werden. So kommen hier die Krankenhaus-/Pflegedienstleitung, die Marketingabteilung sowie die Personalabteilung zum Zuge. Die Auswahl der genutzten Kennzahlen richtet sich natürlich auch danach, welche Ziele man erreichen möchte und vor der Personalkampagne definiert hat (Konschak 2014, S. 214). Möchte man zum Beispiel nur die Bekanntheit des Unternehmens als attraktiven Arbeitgeber steigern, so ist es denkbar, die Anzahl der Visits auf dem Karrierebereich der Homepage oder Follower und Likes in sozialen Medien zu messen. Ist das Ziel die Steigerung der Qualität der Bewerbungen, kommt hier eher das Verhältnis der Bewerbungen zu den tatsächlich geführten Bewerbungsgesprächen oder Einstellungen zum Tragen (Konschak 2014, S. 213).

> **Exkurs: Online-Bewerbungs-Tools**
>
> Bevor eine Personalmarketingkampagne auf den Markt gebracht wird, bietet es sich an, deren Wirksamkeit im eigenen Unternehmen bei der relevanten Zielgruppe zu testen. In unserem konkreten Fall also bei den Pflegekräften des Hauses. Hier kann schon im Vorhinein ausgeschlossen werden, dass man mit seinen Marketingaktionen komplett an den Vorstellungen der Zielgruppe vorbeigeht. Neben der Beteiligung der Pflegedirektion und Pflegekräften bei der Ideenentwicklung kann die Kampagne unter Umständen auch schon unter „realen Bedingungen" in der internen Stellenbörse überprüft werden. Ist die Stellenbörse digital und nutzt sie die gleichen Tools wie bei Bewerbungen externer Kandidaten, lassen sich vergleichbare Auswertungen treffen.
>
> Immer mehr Unternehmen schätzen die Vorteile von Online-Bewerbungen (vgl. dazu Müller 2013, ▶ www.karrierebibel.de). Im Krankenhausbereich wird nicht nur bei der Patientenakte auf Digitalisierung gesetzt; auch im Personalbereich kommen verstärkt Bewerbungen per E-Mail oder über Bewerbungs-Tools zum Einsatz. Durch den Gebrauch von Online-Bewerbungs-Tools liegen die Daten der Bewerberinnen und Bewerber automatisch

in digitaler Form vor und lassen sich daher nicht nur erheblich einfacher intern bearbeiten und weiterleiten; die Kandidaten und die dazugehörigen Angaben können auch automatisiert und somit effizient ausgewertet werden. Besitzt das Tool noch eine spezielle Scanfunktion, können auch Bewerbungen, die auf dem klassischen Postweg beim Unternehmen eintreffen, im gleichen Tool erfasst und ausgewertet werden. So wird eine doppelte Datenablage und Auswertung vermieden und das Reporting vereinfacht.

Gerade im Berufsstand der Pflegekräfte kommen noch viele Bewerbungen auf dem klassischen Wege. Aufgrund der dringend benötigten Mitarbeiter ist es notwendig, es den Bewerbenden so einfach und unkompliziert wie möglich zu machen. Hier folgt eine eingeschränkte, nicht wertende Auflistung verschiedener Tools, die sich für den digitalen Bewerberweg eignen und mehr oder weniger vergleichbare Vorteile bieten (vgl. dazu Müller 2013, ▶ www.karrierebibel.de).

Access

Das Online-Bewerbungs-System bietet verschiedene Verwaltungsoptionen für die Personalabteilung und das interne Personal-management. Die Webapplikation lässt sich an das Corporate Design des Unternehmens anpassen und in die Unternehmenswebsite integrieren. Das Tool lässt sich sowohl auf der externen Homepage nutzen als auch für die interne Stellenbörse.

Vorteile sind die Möglichkeit der Veröffentlichung einer Stellenanzeige auf Online-Stellenbörsen wie Stepstone oder in sozialen Medien wie Facebook und Xing. Auch eine direkte Bewerbung über Xing oder LinkedIn ist möglich und macht eine Auswertung der Bewerberwege umso einfacher. Das Bewerbungs-Tool bietet verschiedenste Online-Reports und eine automatische Messung von definierten Leistungs-kennzahlen.

Concludis

Concludis bietet die Möglichkeit, eigene Stellenbörsen in die Corporate Webseite zu integrieren. Als Add-on zu den unentbehrlichen Online-Bewerbungs-formularen und E-Assessment-Tools ermöglicht das Tool eine automatische Lebenslaufanalyse. Durch das integrierte Multiposting-Tool können Stellenanzeigen an den Stellen und in dem Umfang veröffentlicht und gepostet werden, die für das Krankenhaus relevant sind. Eine automatische Veröffentlichung auf Indeed sowie eine Schnittstelle zur Bundesagentur für Arbeit vervollständigen das Tool. Auch Concludis verfügt über einen Berichtsgenerator, über den vorgefertigte oder spezifisch zusammengestellte Berichte erstellt werden können. Standardmäßig können diese Reports für einen gewissen Zeitraum, beispielsweise im Rahmen einer Kampagne, erstellt werden. Dank der Option, beliebige Datenbankfelder zusammenzustellen und auszuwerten, können so auf das Unternehmen zugeschnittene Auswertungen gemacht und für das Reporting herangezogen werden.

Haufe

Neben den üblichen Möglichkeiten des Bewerbermanagements soll dieses die Arbeitsabläufe komfortabel und einfach gestalten. Das Tool bietet Analysen und Auswertungen der Bewerbungs-prozesse. Die Software ermöglicht aussagekräftige Analysen über wichtige Prozesskennzahlen und die effektivsten Bewerberkanäle und -quellen. Die zentralen Auswertungen können die Entscheidungen für die Zukunft erleichtern und unterstützen.

HReos

Zusätzlich zu obligaten individualisierbaren Bewerbungsformularen bietet HReos Schnittstellen zu zahlreichen digitalen Jobbörsen an. Die Multipostingfunktion erlaubt es, auch Anzeigen in Printmedien zu schalten. Darüber hinaus gibt es eine Schnittstelle zur Bundesagentur für Arbeit und zu den gebräuchlichen Social-Media-Plattformen. Das Reportcenter von HReos stellt vorgefertigte Berichte bereit; es können aber auch Daten exportiert und weiterverarbeitet werden. Alle Berichte und Exports lassen sich automatisiert und periodisch erstellen und verschicken.

MHM

Dieses Tool deckt sämtliche Funktionen wie Bewerbungsformulare im eigenen Corporate Design, zentrale Verwaltung und Bearbeitung der Daten, Schnittstellen und die Verarbeitung von Papierbewerbungen ab. Für die Auswertung steht ein Dashboard bereit, das einen guten und schnellen Überblick über relevante Kennzahlen wie „Time-to-hire" bzw. „Time-to-fill" oder die Verteilung der Bewerberkanäle bietet.

Smartrecruiters

Die Online-Bewerbungs-Lösung aus dem Hause Smartrecruiters erhebt den Anspruch, die Gesamtlösung für alle Recruiting- und Personalbedürfnisse von Unternehmen zu sein. Neben dem Bewerbungsprozess kann man eine Analyse der Bewerber und ihrer Leistung vornehmen sowie Stellenanzeigen in sozialen Netzwerken posten. Auch die Verteilung in Online-Jobbörsen ist möglich. Für den Nachweis der Effizienz und zu Controllingzwecken ist ein Analyse-Dashboard mit den wichtigsten Kennzahlen integriert.

Softgarden

Softgarden bietet neben den üblichen Möglichkeiten von integrierten Karrierewebsites und Multiposting-Stellenanzeigen in Jobbörsen und sozialen Medien eine umfangreiche Auswahl von Analysemöglichkeiten. Umfangreiche Berichte zu den Bewerberinnen und Bewerbern durch integrierte Reports und Controllingtools erleichtern auch bei diesem Online-Bewerbungstool die Kontrolle und Steuerung der Prozesse und der Personalmarketingaktivitäten.

5.2 Budget- und Mittelverwaltung (während der Kampagne)

In den vorangegangenen Kapiteln wurde die Zielgruppe der Pflegekräfte näher untersucht, die möglichen Marketingmaßnahmen für die Personalakquise erläutert und an Beispielen aus der Praxis dargestellt. Hat sich das Unternehmen beziehungsweise das Krankenhaus für einen Marketingmix entschieden, gilt es im Anschluss, die Werbemaßnahmen auch effizient zu planen, insbesondere die Kosten der Personalmarketingkampagne (vgl. ▶ www.Für-Gründer.de).

Niemand möchte bestreiten, dass Personalmarketing Geld kostet (Konschak 2014, S. 213). Aber im Gesundheitssektor und gerade im Krankenhausbereich sind die vorhandenen Mittel bekanntermaßen knapp und die Mittel, die man für Marketing auszugeben bereit ist, im Normalfall umso mehr. Um das zur Verfügung stehende Marketingbudget möglichst effektiv einzusetzen, ist es erfahrungsgemäß sinnvoll, sich auf einige wenige Marketingmaßnahmen zu fokussieren. Die vorangegangene Analyse der Zielgruppe legt hier die Maßnahmen oder Werbemittel fest, mit denen die Pflegekräfte am besten erreicht werden können. Eine Konzentration auf diese Maßnahmen vermeidet Streuverluste und unnötige Kosten.

Möchte man die Personalkampagne später noch ausdehnen und um weitere Kanäle erweitern, ist es sinnvoll, sich an einer zuvor festgelegten Rangfolge zu orientieren. Aus Effizienzgründen ist es am vorteilhaftesten, wenn die Kampagne derart gestaltet wurde, dass diese auf allen Werbekanälen funktioniert und man nicht noch weitere Ideen entwickeln und umsetzen muss.

Bei der Berechnung der Kosten sollten die gesamten Kosten berücksichtigt werden. Es dürfen nicht nur die Medienkosten, also z. B. die Kosten für das Schalten einer Anzeige, eines Radio- oder Kinospots beachtet werden; auch die Kosten für die Entwicklung und Herstellung müssen bewertet werden. Beinhaltet der Marketingmix beispielsweise eine Plakat- oder City-Light-Posterkampagne, müssen Entwicklung (Konzept/Idee), Gestaltungskosten (Grafiker und ggf. Fotografen etc.) und die Produktion (Druck der Plakate) beachtet werden. Ist bei der Entwicklung der Kampagnenidee eine Agentur beteiligt, lassen sich diese Kosten leicht berechnen. Neben den externen Kosten für Agentur-, Produktions-, und Distributionsleistungen ist auch das interne Budget, das die Kosten des eigenen Personals inkludiert, von Relevanz (vgl. Brandstädter et al. 2013, S. 43). Zum Budget und zu Budgetplänen siehe auch ▶ Abschn. 4.2.4.

Optimal ist es, nicht alleine die Kosten zu betrachten, sondern das Preis-/Leistungsverhältnis. Der Preis einer Maßnahme im Verhältnis zur Reichweite, also der Anzahl der relevanten Personen, die erreicht werden konnten, zeigt, wie effizient die Maßnahme oder der Kanal ist.

Gerade im digitalen Zeitalter lassen sich bei Maßnahmen im Internet die Reichweite (Linkklicks, Seitenansichten etc.) gut erfassen. Mit der Kennzahl „Kosten pro Bewerberkontakt" beim jeweiligen Medium kann man versuchen, das Marketingbudget bestmöglich zu verteilen.

Idealerweise bringt man die Maßnahmen des Marketingmixes in eine Rangfolge, das heißt: Nach der Erstellung eines idealen Mixes für die Zielerreichung gilt es, den einzelnen Maßnahmen Kosten zuzuordnen und diese mit dem verfügbaren Budget abzugleichen. Im Anschluss werden Marketingmix, Kosten und Budget so angepasst, dass die gesetzten Ziele mit dem verfügbaren Budget bestmöglich erzielt werden (vgl. Brandstädter et al. 2013, S. 43).

5.3 Kennzahlen (nach der Kampagne)

Dem Personalmarketing beziehungsweise Recruiting stehen einige klassische, aber aufgrund moderner Bewerberwege auch neuere Kennzahlen zur Verfügung. Im ▶ Kap. 3 wurde bereits kurz auf Kennzahlen des Personalmarketings eingegangen. Nachstehend folgt nun zusätzlich eine kleine Auswahl der wichtigsten Kenngrößen, die sich mit mehr oder weniger Aufwand gut für den Effizienz- und Qualitätsnachweis nutzen lassen.

— **Time-to-Fill:** Durchschnittliche Zeit vom Entstehen des Personalbedarfs bis zur Stellenbesetzung, weitere Ausführungen siehe unten stehend.

- **Time-to-Interview:** Vorstellungs- beziehungsweise Interviewrate: Durchschnittliche Dauer vom Zeitpunkt des Bedarfs bis zum Bewerbungsgespräch.
- **Kosten pro Bewerbung:** Kosten, die umgelegt anfallen, um Bewerbungen zu generieren.
- **Cost-per-Hire:** Kosten, die durchschnittlich pro Einstellung im Unternehmen anfallen; weitere Ausführungen siehe untenstehend.
- **Cost-of-vacancy:** Kosten einer unbesetzten Stelle pro Tag. Durch diese Kenngröße können Prioritäten gesetzt oder das Personalmarketing mit dieser ins Verhältnis gesetzt werden.
- **Empfehlungsrate:** Anzahl der Bewerbungen, die durch Mitarbeiterempfehlungen generiert wurden. Die Kennzahl kann beim Controlling von Prämienmodellen oder anderen internen Maßnahmen helfen.
- **Anzahl der Bewerbungen:** Je Kanal oder spezifischer Stellenanzeige und differenziert nach Zielgruppen.
- **Anzahl der zu besetzenden Stellen**
- **Anzahl der Bewerbungen im Verhältnis zu den zu besetzenden Stellen**
- **Anzahl der besetzten Stellen nach Zeitfaktor X**
- **Anzahl der Kündigungen nach Einstellung**
- **Beschaffungskanal-Effektivität:** Diese Kennzahl betrachtet die Kosten und Nutzen der verschiedenen Beschaffungskanäle und gibt Aufschluss über den Anteil der Einstellungen je Kanal im Verhältnis zu den Bewerbungen, die über den jeweiligen Personalbeschaffungskanal produziert wurden.
- **Quality-of-Hire:** Mitarbeiterbeurteilung der Neueinstellung nach einem bestimmten Zeitraum. Die Kenngröße kann mit anderen Größen, wie der Analyse des Beschaffungskanals kombiniert werden.
- **Zufriedenheitsrate mit dem Rekrutierungsprozess:** Diese Kennzahl umfasst sowohl die Zufriedenheit derjenigen, die am Bewerbungsgespräch teilgenommen haben, als auch derer, die im Anschluss auch eingestellt wurden (vgl. z. B. Lechtleitner 2014).

Aufgrund der zunehmenden Digitalisierung der Arbeitswelt steigt zusehends das Engagement der Unternehmen im Internet und natürlich auch im sogenannten Web 2.0 (Spies 2017) – gerade im Hinblick auf das Personalmarketing im Pflegebereich, das meist eine junge Zielgruppe ansprechen soll (vgl. ▶ Kap. 3). Hier müssen Kennzahlen neu definiert werden.

Im Internet lassen sich mit Tracking-Tools wie Google Analytics oder Piwik/mamoto die Bewerber genauer unter die Lupe nehmen, ohne hierfür personenbezogene Daten sammeln zu müssen (Hahn 2016). Interessant sind für ein Unternehmen nicht nur die Anzahl der Besucher einer (Karriere-)Seite; auch die Herkunft, das Alter oder die genutzten Suchbegriffe sind relevant und können für Analysen und Strategien genutzt werden. Durch die Nutzung dieser Daten kann man überprüfen, ob die Personalmarketingkampagne auch die richtige Zielgruppe erreicht und hier bei weiteren Kampagnen anpassen. Hier kann man zum Beispiel auch Unterschiede bei verschiedenen Jobbörsen im Internet erkennen und identifizieren, welche Seite den höchsten Traffic hat oder am effizientesten ist, wenn es um tatsächlich durchgeführte Bewerbungen geht.

Bei Online-Bewerbungen über Stellenanzeigen im Internet lassen sich verschiedene Kennzahlen nutzen:

- Anzahl der Besucher der Karriereseite
- Anzahl der Klicks auf eine Anzeige
- Anzahl der begonnenen Bewerbungen
- Anzahl der abgeschlossenen Bewerbungen

Bei Nutzung der genannten Größen kann der Controller nicht nur die Effektivität der Karriereseite erfassen, man kann auch sehen, an welchen Stellen es Probleme bei der Bewerbung gibt und ob man vielleicht etwas ändern müsste.

Im Folgenden sollen ein paar Kenngrößen näher betrachtet werden.

5.3.1 Time-to-Hire/Time-toFill

Ein entscheidender Faktor bei der Suche nach Bewerbern und der Besetzung einer Stelle ist die Zeit. Die gern genutzte Floskel „Zeit ist Geld" gilt natürlich auch im Personalmarketing beziehungsweise bei der Suche nach passenden Mitarbeitern. Vor allem in Zeiten des Pflegemangels ist Zeit im Krankenhausbereich ein erfolgskritischer Faktor.

Die Begriffe „Time-to-Hire" (◘ Abb. 5.3) und „Time-to-Fill" werden in der Literatur teilweise synonym genutzt und sind nicht sauber definiert. Oft wird nur von der Besetzungsdauer, die den Zeitraum zwischen Beginn der Personalsuche und dem Ende des Recruitingprozesses beschreibt, gesprochen. Eine bessere und weitreichendere Definition bietet der Zeitraum von der Feststellung einer freiwerdenden Stelle, also der Zeitpunkt, an dem feststeht, dass ein Mitarbeiter das Unternehmen verlassen möchte, bis zum Zeitpunkt des Arbeitsantritts des neuen Mitarbeiters (vgl. talention.de 2014).

Während des gesamten Zeitraums, der von der Kennzahl abgedeckt wird, fallen Kosten an. Bei der Suche nach dem passenden Bewerber durch Stellenanzeigen, Kinospots usw. fallen offensichtlich Kosten an, die durch das Marketingbudget gedeckt werden müssen. Bei vielen Unternehmen werden nur diese offensichtlichen Ausgaben bei der Berechnung der „Time-to-Hire" herangezogen. Zutreffender ist es aber, die Kosten der unbesetzten Stelle und den dadurch entgangenen Nutzen (also die Opportunitätskosten) mit in die Betrachtung einzubeziehen. Gerade im Gesundheitswesen kann es bei fehlenden Fachkräften durchaus passieren, dass Stationen oder Bereiche aufgrund von mangelnden Fachärzten oder fehlendem Pflegepersonal geschlossen werden müssen, was zu erheblichen Kosten beziehungsweise entgangenen Gewinnen

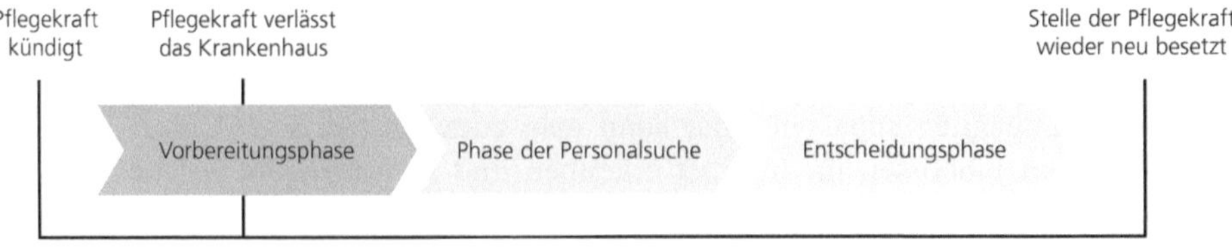

◘ **Abb. 5.3**   Time-to-Hire. (In Anlehnung an ► www.talention.de)

führen kann. Die Kosten eines Imageverlustes durch die Schließung einer Station oder Operationssaals oder auch gestresste oder überforderte Pflegekräfte sollen hier auch nicht unerwähnt bleiben. Das (Marketing-)Budget ist im Vergleich zu den Kosten der unbesetzten Stelle im Normalfall von zu vernachlässigender Bedeutung.

Zur Verdeutlichung der Kostenstruktur wollen wir Daten aus der Studie „Betriebswirtschaftliche Effekte familienfreundlicher Maßnahmen" des Bundesministeriums für Familie, Senioren, Frauen und Jugend heranziehen, die den Bereich der Phase der Personalsuche abdeckt (◘ Abb. 5.4).

Bei den Pflegekräften sieht das Bild etwas anders aus. Obwohl hier nicht von einer oberen Einkommensklasse gesprochen werden kann, ist die Gruppe schwer rekrutierbar. Aufgrund des Pflegemangels in Deutschland wird fortwährend nach Pflegefachkräften gesucht. In kaum einem anderen Bereich bleiben vakante Stellen so lange unbesetzt wie in der Pflege: Die Bundesagentur für Arbeit gibt hier für das Jahr 2011 im Schnitt 106 Tage an und der Trend hat sich in den letzten Jahren noch verschärft (vgl. Straßmann 2014).

Der Blog „Talention" gibt ein Beispiel für die Time-to-Hire-Kosten für die freie Stelle eines Facharztes. Bei hoch spezialisierten Fachkräften wie Fachärzten (z. B. Radiologen) liegt der Ertragsverlust einer unbesetzten Stelle im Monat bei 33.000 EUR. Während der durchschnittlichen Rekrutierungszeit von vier Monaten sind dies inklusive der Anwerbungskosten 142.500 EUR.

Das zeigt, dass die gesamte Produktivität in einem Krankenhaus leidet, sobald eine Fachkraft fehlt. Bei fehlenden Fach- und Pflegekräften kann auch das Image eines Hauses in Mitleidenschaft gezogen werden, was zu weniger Patienten und dies wiederum zu weniger Umsatz führt.

Die Ausführungen zur Kennzahl „Time-to-Hire" zeigen deutlich, wie wichtig die Messung dieser Kenngröße ist und welchen Einfluss diese auf Kosten und Verluste haben kann. Eine Reduzierung bringt einen direkten und sichtbaren Erfolg. Ein effizientes Recruiting und Personalmarketing kann hier den wirtschaftlichen Erfolg

Kosten der Personalsuche			
	untere EK	mittlere EK	obere EK
Kosten der unbesetzten Stellen (effektiv)	900 Euro	3.600 Euro	10.800 Euro
Anwerbungskosten (Personalmarketingbudget)	1.800 Euro	5.500 Euro	10.500 Euro
Summe der Kosten	2.700 Euro	9.100 Euro	21.300 Euro
Durchschnittliche Wiederbesetzungsdauer in Monaten	1,0	2,3	4,0

◘ **Abb. 5.4** Kosten der Personalsuche. (In Anlehnung an ► www.talention.de, Bundesministerium für Familie, Senioren, Frauen und Jugend 2005)

steigern und durch eine optimierte „Time-to-Hire" einen wichtigen Beitrag für das gesamte Unternehmen leisten.

Zu beachten ist bei dieser klassischen Kennzahl allerdings auch, dass man sie nicht unreflektiert benutzt. Es kann wichtige Gründe geben, warum Phasen des Prozesses eine gewisse Zeit in Anspruch nehmen und man sollte nicht ohne Sinn und Verstand eine Stelle möglichst schnell besetzen. Zum Beispiel sollte bedacht werden, wie der Auswahlprozess gestaltet wird. Ein aufwendigeres Assessment benötigt mehr personelle Ressourcen, ist mit mehr Aufwand verbunden und nimmt automatisch mehr Zeit in Anspruch. Dennoch kann sich ein wenig mehr Aufwand lohnen, wenn sich dadurch eine passgenauere Auswahl der neuen Mitarbeitenden ergibt und man den bestmöglichen Bewerber einstellt. Ansonsten hat man später eventuell das Nachsehen, wenn die Pflegekraft das Unternehmen kurz nach der Einstellung wegen Unstimmigkeiten verlässt (vgl. Athanas 2014).

5.3.2 Cost-per-Hire/Kosten pro Einstellung

Im Recruiting ist der Begriff Cost-per-Hire (CPH) ein fester Begriff. Man versteht darunter die allgemeinen Kosten, die für eine einzige Einstellung für das Unternehmen durchschnittlich anfallen, also das Verhältnis der Einstellungskosten zu den besetzten Stellen.

In die Berechnung der Cost-per-Hire fließen sowohl externe als auch interne Kosten mit ein. Leicht zu ermitteln sind die Ausgaben, die für Stellenanzeigen oder die Schaltung von Radio- oder Kinospots entstanden sind oder für Jobbörsen oder andere Events verausgabt werden. Weiterhin werden sämtliche Kosten von externen Personaldienstleistern oder Agenturen mit einberechnet.

Unter die internen Ausgaben fallen vor allem die direkten Personalkosten, die assoziierten Kosten, die Fortbildungskosten und die sonstigen Personalkosten. Hier werden die Kosten für die Beschäftigung von Mitarbeitern vollständig mit einberechnet, die an dem Prozess der Personalgewinnung und dem Marketing beteiligt sind. So kommen hier zum Beispiel die Kosten für das Layout einer Stellenanzeige in der hauseigenen Grafikabteilung zum Tragen. Assoziierte Kosten hingegen entstehen immer dann, wenn Kosten vorliegen, die auf eine übertragene Art und Weise mit der Personalgewinnung in Bezug gesetzt werden können. Hierunter fallen unter anderem Beträge zur Erstellung von Einstellungsstandards oder Datenschutzrichtlinien (Agentur Junges Herz 2017; Brenner 2015).

Die Berechnung der Kennzahl „Cost-per-Hire" ist auch deshalb von Bedeutung, weil dadurch eine große Kostenstelle eines Unternehmens analysiert und dementsprechend im Anschluss optimiert werden kann. Das steigert nicht nur die Effizienz des Unternehmens, sondern sichert auch die bereits besetzten Stellen. Durch die Minimierung des CPH, kann die Effektivität der Mitarbeitergewinnung gesteigert und dafür gesorgt werden, dass die Rekrutierung der Fachkräfte so wenig Geld wie möglich kostet. Allerdings ist es wichtig, nicht die Kosten alleine zu betrachten. Natürlich sollte der Recruitingprozess kostenbewusst gestaltet werden, aber das eigentliche Ziel – also die Rekrutierung guter Mitarbeiter – darf über alle Kostenkalkulationen nicht aus dem Auge verloren werden. Die Kosten müssen mit dem Ergebnis verglichen werden, damit die Aussagekraft auch Bedeutung hat. Wenn also die Kosten für einen Kandidaten berechnet werden, sollte man diese auch seinem Plus für das Unternehmen gegenüberstellen.

Niedrige Kosten können unter Umständen auch ein langsames Recruiting bedeuten; zum Beispiel, wenn man seine Kosten reduziert, indem man die Personalabteilung unterbesetzt. Das kann dann teuer werden, wenn es sich auf die Time-to-Hire auswirkt (vgl. Jung 2012). Auch hier stellt sich die Frage nach der Gestaltung des Auswahlprozesses, wie schon in ▸ Abschn. 5.3.1 beschrieben.

Um die CPH zu senken, könnte man verstärkt auf E-Recruiting setzen, da digitale Methoden der Personalgewinnung effektiver sind als klassische Methoden. Auch fallen die Kosten niedriger aus, wenn mehrere Stellen durch eine Maßnahme besetzt werden sollen. Optimierte und effiziente Methoden zur Personalgewinnung sorgen für verringerte Kosten und so für einen besseren Cost-per-Hire. Je stärker auf Printmedien verzichtet wird, umso geringer fallen in der Regel die CPH aus (vgl. Agentur Junges Herz 2017).

5.3.3 Quality-of-Hire

Die Quality-of-Hire evaluiert die Performance beziehungsweise misst die Effektivität einer Neueinstellung. Für Unternehmen – natürlich gerade in Krankenhäusern – ist die Qualität der Mitarbeitenden ein absolutes Muss. Für viele Unternehmen ist diese kritische Kennzahl jedoch ein Mysterium, da die Messung weniger einfach ist als die Anzahl der Bewerbungen oder die Time-to-Fill. Hier gibt es keinen Königsweg oder genaue Definitionen, wie die Qualität gemessen wird. Es sind verschiedene Ansätze denkbar.

Gängige Größen, die bei der Berechnung herangezogen werden können, sind zum Beispiel die Zeit, die der neue Mitarbeiter im Unternehmen verbleibt (Turnover Rate), die „Einarbeitungszeit", also der Zeitraum, bis der neue Mitarbeiter seine volle Leistung entfaltet, und der „Cultural Fit" (Wie gut passt der Mitarbeitende zum Unternehmen?; durch Mitarbeiterbefragungen ermittelt und auch für das Retaining interessant). Je nach Stelle können auch die Job Performance (wie etwa Verkaufszahlen oder ähnliches) oder weitere Merkmale herangezogen werden (vgl. ▸ www.manpower.de).

Nach Festlegung der zu ermittelnden Größen wird eine einheitliche Skala festgelegt und für jeden Aspekt ein Wert ermittelt. Die Quality-of-Hire kann dann als Durchschnittswert der festgelegten Größen berechnet werden.

Ist der Recruitingprozess optimal organisiert und die jeweilige Stellenanzeige individuell und passgenau auf das Unternehmen abgestimmt, kann die Qualität des potenziellen Mitarbeiters bereits im Bewerbungsprozess bestmöglich beleuchtet werden. Die Fähigkeiten und der Cultural Fit beziehungsweise das Potenzial der Bewerber können anhand von Assessmenttools bereits vor der Einstellung geprüft werden, damit die Quality-of-Hire bereits während des Recruiting-Prozesses beeinflusst und verbessert werden kann (vgl. Scheffler 2017).

Ausschlaggebend für die Qualität der Kennzahl ist es, dass der Wert der Quality-of-Hire und die gemessenen Werte Aufschluss darüber geben, was verbessert werden kann, um Maßnahmen für die Zukunft abzuleiten.

5.3.4 Clicks/Visits/digitale Bewerberwege

Die Anzahl der Besucher auf der Homepage, insbesondere der Karriereseite, lässt grundsätzlich erkennen, wie groß das Interesse potenzieller Bewerber am eigenen Unternehmen ist (Konschak 2014, S. 216–219). Die Möglichkeiten der Analyse sind bei den digitalen Kennzahlen naturgemäß vielfältig und meist mit wenig Aufwand durchführbar. Die Wirkung einzelner digitaler Kennzahlen auf die Bekanntheit und das Image eines Unternehmens beziehungsweise Einstellungen und Verhalten des Kunden – in unserem Fall also des Bewerbers – wird in ◼ Abb. 5.5 in Anlehnung an Brandstädter et al. 2013 dargestellt.

Die Betrachtung der Visits oder Besuche einer Homepage kann dahingehend verfeinert werden, dass die Besuchsdauer (auch einzelner Seiten) oder der Besuchsverlauf und die Zahl der wiederkehrenden Besucher mit in die Untersuchung der Kennzahlen einbezogen wird. Ein wichtiges Instrument für die Messung des Erfolgs einzelner Marketingmaßnahmen ist die Analyse der Quelle des Besuchers einer Website. Wurde die Seite direkt aufgerufen oder sind die Interessierten über den Link einer Stellenanzeige auf die Seite gekommen? Kam der Besucher vielleicht über die sozialen Netzwerke auf die Karriereseite oder wurde eine Suchmaschine benutzt? Falls Letzteres zutrifft, welche Suchbegriffe haben hier Verwendung gefunden? Gerade im Bereich der Pflegekräfte, bei denen Marketingmaßnahmen meist eher auf eine jüngere Zielgruppe abzielen, sind die digitalen Bewerberwege, Aktionen und Reaktionen in sozialen Medien nicht zu vernachlässigen. Die Anzahl der Besucher des Unternehmensprofils bei Netzwerken wie Xing oder LinkedIn sind für die durchschnittliche Pflegekraft zwar weniger von Relevanz, könnten bei Führungskräften aber eine Rolle spielen.

Bewerben sich die potenziellen neuen Mitarbeiter über ein Online-Karriere-Tool auf der Homepage, ist hier nicht zwingend sofort erkennbar, warum jemand die Seite besucht hat, auch wenn man messen kann, ob er die Seite direkt aufgerufen oder erst eine Suchmaschine bemüht hat. Vielleicht hat er die Seite auf Empfehlung eines Freundes, wegen einer Stellenanzeige in der Tageszeitung, oder eines Spots im Radio

Maßnahmen	Kennzahl	Indiz für Wirkung auf…			
		B	I	E	V
Homepage	Anzahl der Seitenaufrufe (Page Impressions)	◑	○	○	○
	Anzahl der Besuche (Visits)	◑	○	○	○
	Anzahl der Besucher (Unique Visitors)	◑	○	○	○
	Anzahl der Seitenaufrufe pro Besucher	○	◑	○	○

B – Bekanntheit, I – Image, E – Einstellungen, V – Verhalten
● aussagekräftig,   ◑ bedingt aussagekräftig,   ○ nicht aussagekräftig

◼ **Abb. 5.5**   Web-Kennzahlen mit Indiz auf Wirkung. (In Anlehnung an Brandstädter et al. 2013)

besucht. Daher ist es wichtig, neben den digitalen Bewerberwegen, Clicks und Visits auf jeden Fall auch andere Bewerberquellen zu analysieren und im Bewerbungsprozess zu erfassen (Konschak 2014, S. 216–219).

Analog lassen sich die Ausführungen natürlich auch auf die Social-Media-Kanäle oder Bewerberclips auf YouTube und andere Kanäle anwenden.

5.4 Evaluationsmaßnahmen

5.4.1 Fallbeispiele Crossmedia-Kampagne und PDCA-Zyklus

Wie bereits zuvor erläutert, sollte man die Überprüfung des Personalmarketings anhand von Kennzahlen als kontinuierlichen Verbesserungsprozess (KVP) verstehen und den Prozess anhand des PDCA-Zyklus analysieren. Hierbei kann das Controlling sowohl kurzfristig für einzelne Maßnahmen als auch langfristig für den gesamten Personalmarketingprozess genutzt werden. Jede Maßnahme des Marketingmixes kann anhand des Plan, Do, Check und Acts weiterentwickelt und verbessert werden (Konschak 2014, S. 222).

Kurzfristige Perspektive

An folgendem Beispiel einer Zeitungsanzeige (❏ Abb. 5.8) für eine Patientenveranstaltung wollen wir die einzelnen Schritte einmal näher betrachten, die analog auf Aktivitäten des Personalmarketings anzuwenden sind.

PLAN: Die Uniklinik RWTH Aachen bietet Patientinnen und Patienten beziehungsweise allen Interessierten eine Veranstaltungsreihe namens „Medizin im Dialog" zu verschiedenen Gesundheitsthemen an. Die Experten der Klinik halten jeweils einen Vortrag zu einem speziellen Thema und beantworten allgemeine und individuelle Fragen. Die Teilnehmer der Veranstaltung haben im Vorfeld die Möglichkeit, ihre Fragen einzuschicken, damit diese an dem Abend der Veranstaltung beantwortet werden können. Um auf diese Möglichkeit und allgemein auf die Veranstaltung aufmerksam zu machen, soll auf der Homepage, mit Plakaten in der Uniklinik und in Apotheken sowie in der regionalen Tageszeitung darauf hingewiesen werden. Zusätzlich werden bekannte Interessierte per E-Mail über das Event informiert.

DO: Die Veranstaltung wird im Kalender der eigenen Homepage sowie des Veranstaltungsortes eingestellt. Die Grafikabteilung erstellt Plakate, die im Haus aufgehängt sowie an Apotheken verschickt werden. Des Weiteren wird eine Anzeige für die Tageszeitung konzipiert. Die Medienplätze werden so gebucht, dass die Anzeige einige Tage vor der Veranstaltung erscheint. Zusätzlich werden Feedbackbögen für die Veranstaltung erstellt, um die nötigen Voraussetzungen für die Messung der relevanten Kennzahlen zu schaffen. Mit der Zeitung wird eine Vereinbarung für einen Anzeigen-Copytest der Veranstaltungsanzeige vereinbart. Die Zugriffe auf die Homepage können über ein Auswertungstool nach der Kampagne analysiert werden. Die Kampagne wird durchgeführt und relevante Kennzahlen erhoben.

CHECK: Die Auswertung zeigt, dass ein Großteil der Besucher des Events ältere Personen sind, die über die Anzeige in der Tageszeitung auf die Veranstaltung aufmerksam wurden. Einige Teilnehmer haben schon mehrere Veranstaltungen besucht und sind wegen der persönlichen Einladung per Mail oder per Post gekommen. Die Auswertung der Klickzahlen des Veranstaltungskalenders auf der Homepage deckt sich mit den Aussagen des Feedbackbogens und zeigt, dass nur wenige über diesen Kanal aufmerksam wurden. Niemand gibt an, wegen eines Aushangs in der Apotheke informiert worden zu sein.

Da die Anzeige in der Zeitung viele Interessierte erreicht, können über die Auswertung der Zeitung die kommenden Anzeigen optimiert werden.

Entsprechend der gemachten Beobachtungen zieht die Klinik ihre Schlüsse. Anzeigen in der Tageszeitung sind trotz der insgesamt recht hohen Kosten ein im Vergleich effizientes Mittel. Die Steigerung der Besuchszahlen zeigt, dass die Zielgruppe erreicht wurde.

ACT: Für zukünftige Kampagnen für die Patientenveranstaltung wird auf den Versand von Plakaten an Apotheken verzichtet. Es wird weiterhin auf Anzeigen in der Tageszeitung gesetzt. Anhand der Auswertungen wird diese überarbeitet und optimal für die Zielgruppe gestaltet. Statt einer textlastigen Anzeige wird mehr auf Bildinformation gesetzt und die relevanten Informationen betont. Statt einer Anzeige wird es künftig zwei Anzeigen geben, sodass auch in einem weiteren regionalen Printmedium annonciert werden kann.

Langfristige Perspektive

Durch die kontinuierliche Analyse und Verbesserung einzelner Maßnahmen des Marketingmixes kann eine Effizienzsteigerung erreicht werden. Um eine tiefergehende Steigerung und somit das optimale Maßnahmenbündel zu ermitteln, gilt es, fortwährend die jeweils effizientesten zu ermitteln und zu stärken beziehungsweise die weniger geeigneten aus dem Mix zu streichen. Weiterhin können neue Werbemöglichkeiten, die bislang nicht bekannt oder relevant waren, von Jahr zu Jahr interessanter und somit relevanter werden. Die Gesamteffizienz des Personalmarketings sollte also auch auf langfristige Sicht anhand des PDCA-Zyklus beobachtet und analysiert werden (vgl. Konschak 2014, S. 225–226).

An folgendem Beispiel wollen wir die einzelnen Schritte auch hier einmal näher betrachten. Die Klinik hat im Laufe der Zeit einen Qualitätsrückgang bei den Bewerbungen auf Ausbildungsplätze von Pflegekräften festgestellt (vgl. Konschak 2014, S. 226–227).

PLAN: Die Klinik möchte im laufenden Jahr an verschiedenen Messen zur Berufsorientierung – besonders den Berufsorientierungsmessen im Gesundheitswesen – teilnehmen. Zusätzlich werden neben einer Beteiligung am „Girl's-" und „Boy's-Day" und einem Bewerbertag auch Informationsveranstaltungen an Schulen für Eltern und Lehrer durchgeführt sowie Hospitationen und Praktika für interessierte Schüler angeboten. Die Aktionen und Veranstaltungen werden jeweils durch Radio- und Kinowerbung und Anzeigen flankiert.

DO: Nach Durchführung der Maßnahme werden die relevanten Kennzahlen erhoben. Die Besucherzahlen auf den Bewerberseiten der Karriere- beziehungsweise Ausbildungswebsite werden ausgewertet. Außerdem wird die Qualität der Bewerber erfasst und durch einen Feedbackfragebogen in Erfahrung gebracht, wie die Interessenten von der Ausbildung erfahren haben.

CHECK: Die Beobachtungen zeigen, dass nach den Veranstaltungen jeweils die Zugriffe auf die Karriereseite gestiegen sind. Bei den Infoveranstaltungen an Schulen ist die Zunahme der Zugriffe am deutlichsten. Insgesamt ist eine Steigerung der Bewerbungen und der Qualität der Bewerbungen zu verzeichnen. Kino- und Radiowerbung sowie die Anzeigenschaltungen werden nur in seltenen Fällen als Anstoß für die Bewerbung genannt. Auch eine Bewerbung auf Initiative von Lehrern und Eltern wird weniger oft angeführt. Zu beobachten ist, dass die qualifiziertesten Bewerber zuvor an Hospitationen oder Praktika im Krankenhaus teilgenommen haben.

ACT: Nach der Analyse des vorangegangenen Jahres wird auf Grundlage der Check-Phase das weitere Vorgehen angepasst. Die Mittel, welche bisher in Radio- und Kinowerbung geflossen sind, werden künftig für weitere Veranstaltungen verwendet. Die Printanzeigen werden beibehalten, aber auf die Zielgruppe von Eltern und Lehrern angepasst, da man vermutet, dass diese Zielgruppe die potenziellen Bewerber zur Teilnahme an Veranstaltungen animieren kann.

Exkurs: Beispiel Anzeigen-Copytest

Der Anzeigen-Copytest ist der Klassiker der Werbemarkt-Forschung. Beim vorgenannten Beispiel der Anzeige für die Patientenveranstaltung wurden über 250 Leser am Stichtag des Erscheinens befragt. Leser haben entweder die Papier- oder die E-Paper-Ausgabe gelesen und entsprechen hinsichtlich der Merkmale Geschlecht, Alter, Berufstätigkeit der durchschnittlichen Leserstruktur. Für die Befragung wurde auf eine Online-Befragung mit Einblendung der Testausgabe und der getesteten Anzeige gesetzt. Zentrale Kennziffern des Wirkungsprozesses sind Aufmerksamkeit, Markenidentifikation und Aktionsimpuls (◘ Abb. 5.6).

Die Kennzahl *Aufmerksamkeit* gibt den Anteil der Personen wieder, die beim Lesen der Zeitung die Anzeige gesehen haben, die Markenidentifikation gibt den Anteil der Befragten an, für den sofort erkennbar war, für wen oder was geworben wird. Hierbei wird auch den Personen, die beim Lesen die Anzeige nicht gesehen haben, bei der Befragung die Anzeige nochmals vorgelegt. Für den Aktionsimpuls wird letzten Endes der Anteil herangezogen, der mindestens eine Aktion nach Lesen der Anzeige angestoßen hat: Sei es der Besuch der Veranstaltung, die nähere Information im Internet oder die Kontaktaufnahme mit der Uniklinik.

Für die Zielgruppenanalyse von Bedeutung ist auch die Differenzierung nach Geschlecht und Einkommensverhältnissen für die Personen, für die die Anzeige grundsätzlich von Interesse ist. Bei der Befragung können weitere Details wie der Anteil der Personen, die auch den ganzen Text der Anzeige gelesen haben, oder welche Personen zu welcher Aktion animiert wurden, differenziert analysiert werden. So wurden 22 % der gesamten Leser zu mindestens einer Aktion angeregt, wobei der Anteil, bei den grundsätzlich am Angebot Interessierten erwartungsgemäß mit 54 % deutlich höher ausfällt. Aus der Aufschlüsselung nach den Aktionsimpulsen

5

Besuch der Veranstaltung, Kontaktaufnahme, Informationseinholung, können Rückschlüsse auf den Erfolg der Anzeigenschaltung getroffen werden. Wichtig für den Erfolg der Maßnahme ist auch das Design der Anzeige. Durch den Copytest können wichtige Informationen erlangt werden, um die Anmutung zu optimieren. Neben dem grundsätzlichen „Gefallen" der Anzeige können weitere Details wie Klarheit, Glaubwürdigkeit und Passgenauigkeit ermittelt werden (Abb. 5.7) Für die Gestaltung der Anzeige ist die zusätzliche Abfrage der Seitenbeachtung von entscheidender Relevanz. Im genannten Beispiel wurde zunächst zwischen Beachtung der gesamten Anzeige, Beachtung des Interviewteils (A) und Beachtung des Veranstaltungshinweises (B) differenziert (Abb. 5.8). Anschließend wurde im Detail erfragt, welche Elemente auf der Seite bemerkt worden sind. Die in Abb. 5.8 gezeigte Anzeige wurde dazu in verschiedene Einheiten, wie in Abb. 5.9 gezeigt, aufgeteilt und die Beachtung bei den Lesern erfragt. Die Informationen, die man durch diesen Test erhält, können für die Gestaltung von künftigen Anzeigen von enormem Wert sein.

Nicht nur bei Veranstaltungshinweisen wie im Beispiel und bei Imageanzeigen, auch bei Personal- und Stellenanzeigen kann ein Anzeigen-Copytest wertvolle Aufschlüsse über die tatsächliche Wirksamkeit liefern. Die Aussage, ob die Anzeige sympathisch ist, ob die relevanten Informationen gut erkennbar sind und letztendlich auch zu einer Aktion animieren, also zu einer Bewerbung führen, kann hiermit analysiert und im Sinne des kontinuierlichen Verbesserungsprozesses optimiert werden.

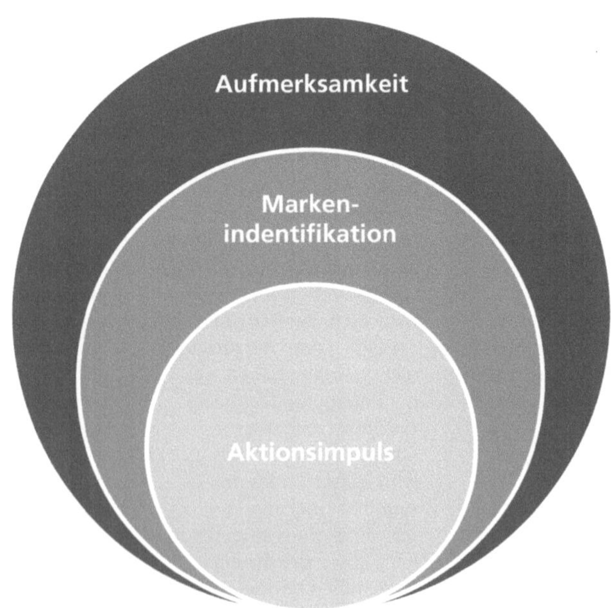

◘ Abb. 5.6   Anzeigen-Copytest: Wirkungsprozess

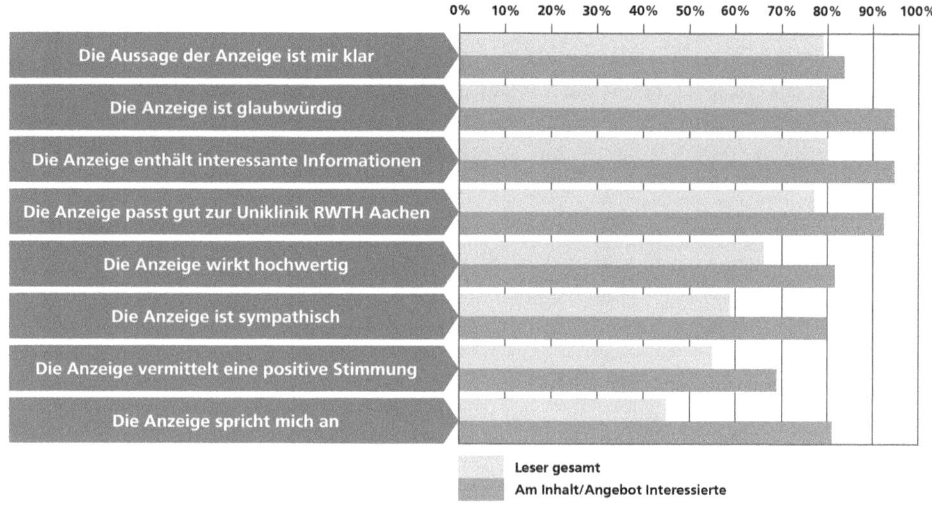

◘ **Abb. 5.7**   Anzeigen-Copytest: Detailbewertung

5

◼ **Abb. 5.8**   Anzeigen-Copytest: Seitenbeachtung

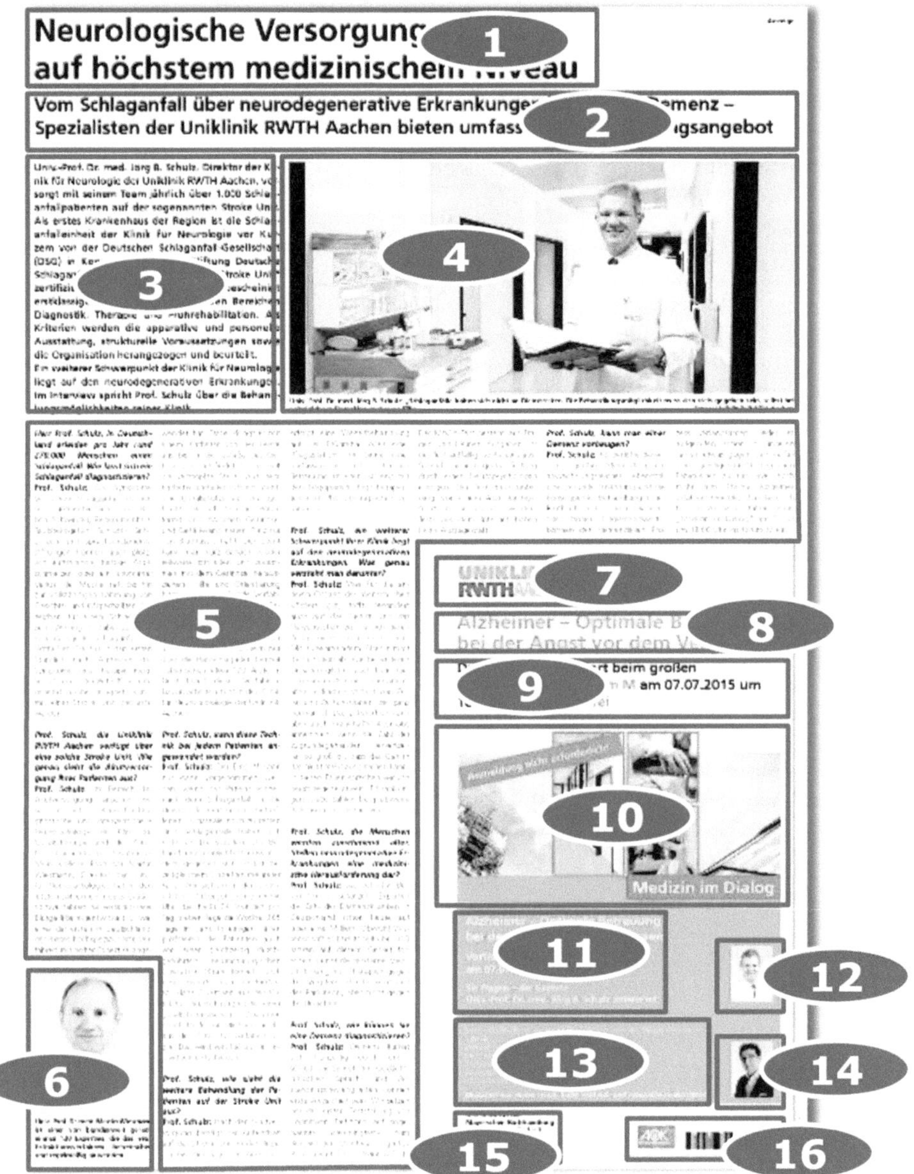

□ Abb. 5.9 Anzeigen-Copytest: Seitenbeachtung Detailauswertung

5.4.2 **Feedbackbögen bei der Einstellung**

Ein wichtiges Instrument bei der Evaluation und der Erhebung von Kennzahlen in der Personalakquise ist das Feedback der Bewerbenden. Daher erstaunt es, dass das Einholen desselben bei Unternehmen im Allgemeinen und Krankenhäusern im Speziellen nicht zum Standard gehört. Bruschken beschreibt auf ▶ www.rekrutierungserfolg.de, dass laut einer Studie von Textkernel.com nur 18 % der Unternehmen ihre Bewerber regelmäßig um Feedback bitten. Die Verantwortlichen scheuen meist den zusätzlichen Aufwand, den ein strukturiertes Feedback verursacht. Hierbei wird verkannt, dass der Aufwand auch einen deutlichen Nutzen für das Unternehmen und folgende Bewerbungsverfahren und Marketingkampagnen bringt. Durch das standardisiert in den Recruitingprozess integrierte Einsammeln von Feedback können wichtige Informationen erhoben werden, die bei der Auswertung anhand von Kennzahlen helfen und beim Controlling und der Effizienzsteigerung unterstützen. Beim untenstehenden Fragebogen (◘ Abb. 5.10) wird zum Beispiel abgefragt, wie der Bewerber auf das Unternehmen und die vakante Stelle aufmerksam geworden ist. Nur durch diese Informationen können Kennzahlen wie die „Anzahl der Bewerbungen je Kanal" erhoben werden. Auch die Wichtigkeit verschiedener Medien für folgende Personalmarketingkampagnen kann so eruiert werden. Auch die „Anzahl der Bewerbungen durch Mitarbeiterempfehlungen" lassen sich so ermitteln, falls diese nicht bereits durch ein Prämienmodell erfasst werden.

Um nicht nur die Bewerber, die zu einem Interview eingeladen wurden, also die Kennzahl „Vorstellungs- oder Interviewrate" in die Betrachtungen einfließen zu lassen, ist es sinnvoll, den Fragekatalog jeden Bewerber (ggf. per E-Mail) ausfüllen zu lassen, damit auch hier die Anzahl der Nutzer eines Kanals ermittelt werden können (vgl. Bruckschen 2015).

Pflegedirektion

Liebe Bewerberin, lieber Bewerber,

wir freuen uns sehr, dass du heute den Weg zu uns gefunden hast. Verrätst du uns,
wie du auf uns aufmerksam geworden bist?
Dein Feedback hilft uns, künftig unsere Bewerberansprache zu optimieren.
Die Daten werden selbstverständlich anonymisiert erfasst.

Vielen Dank!

1. Wie bist du auf uns aufmerksam geworden?

☐ Zeitung   ☐ Internet
☐ Radio   ☐ Soziale Medien
☐ Plakat   ☐ Facebook
  (Wo?___________________)   ☐ Twitter
☐ Freunde / Bekannte   ☐ Sonstiges: ___________________________

☐ Ich kenne die Kampagne „Den Job will ich auch".

2. Wie hast du dich über uns informiert?

☐ Homepage der Uniklinik   ☐ Freunde / Bekannte
☐ Soziale Medien   ☐ Sonstiges: ___________________________

3. Welche Informationskanäle nutzt du im Alltag?

☐ Zeitung / Printmedien   ☐ Internet
☐ Radio   ☐ Soziale Medien
☐ Fernsehen   ☐ Sonstiges: ___________________________

4. Angaben zu deiner Person

Geschlecht: **Alter:** ____
  ☐ männlich
  ☐ weiblich

◘ Abb. 5.10   Beispiel für einen Feedbackbogen

5.4.3 **Verweildauern und Fluktuationsraten: Exitgespräch/ Kündigungsfeedback**

Controlling in der Personalakquise bedeutet auch, Informationen zu beschaffen und auszuwerten, die nicht direkt mit dem Personalmarketing und dem Recruitingprozess zu tun haben, sondern sich auf das Retaining und das Halten von Mitarbeitenden beziehen. Solch ein ganzheitliches Prozesscontrolling ist ein kontinuierlicher Lern- und Entwicklungsprozess und sollte ständig umgesetzt und fest in die Prozesse des Unternehmens integriert werden.

Für den Recruiting- und Retainingprozess nützliche Informationen kann man zum Beispiel in den sogenannten „Exitgesprächen" erhalten. Hier können persönliche Gespräche, aber auch schriftliche Befragungen mit standardisierten Fragebögen durchgeführt werden (◘ Abb. 5.11 und 5.12). Das Ziel ist es, hierbei alle relevanten Informationen über die Trennungsgründe und -motive zu erlangen. Exitgespräche erfüllen im Controlling des Personalmarketings gleich mehrere Funktionen. Sie liefern nicht nur Informationen über die Gründe und Motive der Beendigung, sie geben auch Aufschluss über die Personalmarketingpolitik und deren Korrekturbedürftigkeit. Des Weiteren beschreiben sie allgemeine Problembereiche im Unternehmen, diagnostizieren Schwächen in der Führungsstruktur und analysieren diese. Nebenbei wird durch die qualifizierte Durchführung der Gespräche ein positives Bild vom Unternehmen sowohl intern als auch extern geschaffen. Hierbei hängt der Nutzen natürlich von der Konstruktivität und Ehrlichkeit des Kundenfeedbacks ab, aber auch von der Glaubwürdigkeit und dem Ablauf des Exitgesprächs (Batz 1996, S. 271–274).

Die eingesammelten Informationen gilt es, im Anschluss zu analysieren und zu deuten, um daraus Maßnahmen und gegebenenfalls Anpassungen abzuleiten. Die Kündigungsgründe können ganz unterschiedlicher Natur sein; und das gilt es zu erforschen. So kann es zum Beispiel sein, dass ein Mitarbeitender, der schon nach sechs Monaten kündigt, beim Bewerbungsprozess andere Vorstellungen von seiner Arbeit oder dem Unternehmen hatte. Vielleicht wurde ihm zuvor ein anderes Bild vermittelt oder der Mitarbeitende kommt mit den vorhandenen Strukturen oder Kollegen nicht zurecht. Kündigt jemand zu einem späteren Zeitpunkt, kommen hier andere Gründe wie eine geänderte familiäre Situation, ein Kinderwunsch oder eine geänderte Karrieresituation beim Lebenspartner oder vielleicht auch ein Fortbildungswunsch infrage.

Bei einigen Aspekten kann das Unternehmen vielleicht nichts ändern und muss diese Gründe daher als nicht abwendbar akzeptieren. Bei manchen Kündigungsgründen wird man aber nach der Analyse vielleicht zu dem Schluss kommen, dass daraus Maßnahmen abgeleitet werden können und müssen, um das Unternehmen für aktuelle und künftige Mitarbeiter attraktiver zu machen und so langfristig an das Unternehmen zu binden.

Kündigungsfragebogen

Name   Vorname

Abteilung/Station   Stellenbezeichnung

Eintrittsdatum   Austrittsdatum

Warum verlassen Sie die Uniklinik RWTH Aachen?

☐ Persönliche Gründe   ☐ Betriebliche Gründe
☐ Pensonierung   ☐ Negative Arbeitsbedingungen
☐ Heirat / Kinder / Haushalt   ☐ Zu niedriges Entgelt
☐ Berufliche Veränderung des Partners ☐ Keine Karriereperspektiven
☐ Aufnahme Studium / Weiterbildung   ☐ Versprechungen wurden nicht eingehalten
☐ Berufs-/Branchenwechsel   ☐ Entwicklungen im Unternehmen

Sonstige Gründe

Wie bewerten Sie unsere Rahmenbedingungen?

	Sehr gut	Gut	Befriedigend	Ausreichend	Mangelhaft
Raumverhältnisse	☐	☐	☐	☐	☐
Ausstattung des Arbeitsplatzes	☐	☐	☐	☐	☐
Vergütungsregelung	☐	☐	☐	☐	☐
Arbeitszeitregelung	☐	☐	☐	☐	☐
Urlaubsregelung	☐	☐	☐	☐	☐
Organisation	☐	☐	☐	☐	☐
Betriebsklima	☐	☐	☐	☐	☐
Anerkennung	☐	☐	☐	☐	☐
Informationsfluss	☐	☐	☐	☐	☐
Aus- und Weiterbildung	☐	☐	☐	☐	☐
Aufstiegsmöglichkeiten	☐	☐	☐	☐	☐
Sozialleistungen	☐	☐	☐	☐	☐

Wie stehen Sie zu folgenden Statements?

	Stimmt voll	Stimmt	Teilweise	Stimmt weniger	Stimmt nicht
Die Arbeit macht mir Spaß	☐	☐	☐	☐	☐
Meine Arbeit war sinnvoll	☐	☐	☐	☐	☐
Ich konnte selbstständig arbeiten	☐	☐	☐	☐	☐
Ich konnte Kritik äußern	☐	☐	☐	☐	☐
Ich wurde meinen Fähigkeiten entsprechend eingesetzt	☐	☐	☐	☐	☐

Wie war das Verhältnis zu Ihren Vorgesetzten?

	Stimmt voll	Stimmt	Teilweise	Stimmt weniger	Stimmt nicht
Vertrauensvoll	☐	☐	☐	☐	☐
Kollegial	☐	☐	☐	☐	☐
Sachlich	☐	☐	☐	☐	☐
Korrekt	☐	☐	☐	☐	☐
Distanziert	☐	☐	☐	☐	☐
Kühl	☐	☐	☐	☐	☐
Belastet	☐	☐	☐	☐	☐
Gespannt	☐	☐	☐	☐	☐
Schlecht	☐	☐	☐	☐	☐

Wie war das Verhältnis zu Ihren Kollegen?

	Sehr gut	Gut	Befriedigend	Ausreichend	Mangelhaft
Insgesamt	☐	☐	☐	☐	☐

◻ **Abb. 5.11**   Beispiel für einen Kündigungsfragebogen (1/2)

Kündigungsfragebogen

Wo bestehen Mängel in unserem Haus?

In der Organisation

Im Informationsfluss

Andere Mängel

Hätte die Uniklinik RWTH Aachen etwas unternehmen können, um Sie zu halten?

☐ nein

Ja, nämlich

Können Sie sich vorstellen zur Uniklinik RWTH Aachen zurückzukehren?

☐ nein

Ja, wenn

Was möchten Sie uns für unsere Zukunft empfehlen?

Vielen Dank für Ihre Mithilfe und Mühe!

◼ **Abb. 5.12**   Beispiel für einen Kündigungsfragebogen (2/2)

Literatur

Agentur Junges Herz (2017) Cost per Hire (CPH). ► https://www.agentur-jungesherz.de/hr-glossar/cost-per-hire-cph/. Zugegriffen: 28. Dez. 2017

Athanas C (2011) Recruiting: Vier Dimensionen für die Messung des Erfolges. Human Ressource-Blog der meta HR. ► https://blog.metahr.de/2011/10/02/recruiting-vier-dimensionen-fur-die-messung-des-erfolges/. Zugegriffen: 29. Dez. 2017

Athanas C (2014) HR-Controlling: 20 wichtige Recruiting-Kennzahlen im Überblick. Human Ressource-Blog der meta HR. ► https://blog.metahr.de/2014/03/28/hr-controlling-20-wichtige-recruiting-kennzahlen-im-ueberblick/. Zuggriffen: 29. Dez. 2017

Batz M (1996) Erfolgreiches Personalmarketing – Personalverantwortung aus marktorientierter Sicht. Sauer I. H, Heidelberg

Brandstädter M, Ullrich T, Haertel A (2013) Klinikmarketing mit Web 2.0 – Ein Handbuch für die Gesundheitswirtschaft. Kohlhammer, Stuttgart

BrennerF (2015) Personalkosten Kalkulator: Berechnen Sie Ihre Cost-per-Hire! Viasto.com. ► https://www.viasto.com/blog/personalkosten-kalkulator-berechnen-sie-ihre-cost-per-hire/. Zugegriffen: 28. Dez. 2017

Bruckschen K-H (2015) Nachgefragt – Feedback Geben und Nehmen im Recruiting. rekrutierungserfolg.de. ► https://www.rekrutierungserfolg.de/blog/2015/09/03/nachgefragt-feedback-geben-und-nehmen-im-recruiting/. Zugegriffen: 16. Dez. 2017

Bundesministerium für Familie, Senioren, Frauen und Jugend (2005) Betriebswirtschaftliche Effekte familienfreundlicher Maßnahmen. ► https://www.bmfsfj.de/blob/93376/f3a47f2443bb3c38496a-4da84e30915b/betriebswirtschaftliche-effekte-data.pdf

Für-Gründer.de: Marketingbudget: Effiziente Werbeplanung. ► https://www.fuer-gruender.de/wissen/existenzgruendung-planen/marketingmix/marketingbudget/. Zugegriffen: 8. Dez. 2017

Hahn D (2016) KPIs für das Employer Branding & Recruiting Teil 1 – Erfolgsmessung für den eigenen Stellenmarkt bzw. das Online-Bewerbungssystem. sozialesbrandmarken.wordpress.com. ► https://sozialesbrandmarken.wordpress.com/2016/01/21/kpis-fuer-das-employer-branding-recruiting-teil-1-erfolgsmessung-fuer-den-eigenen-stellenmarkt-bzw-das-online-bewerbungssystem. Zugegriffen: 21. Okt. 2017

Heymann-Reder D (2015) Controlling-Ziele. ► https://www.scopevisio.com/ratgeber/controlling/controlling-ziele/#gref. Zugegriffen: 28. Dez. 2017

Jung S (2012) Lassen Sie uns die Cost per Hire abschaffen. softgarden.de. ► https://www.softgarden.de/lassen-sie-uns-die-cost-per-hire-abschaffen-2/. Zugegriffen: 23. Okt. 2017

Kahla-Witzsch HA (2009) Praxiswissen Qualitätsmanagement im Krankenhaus – Hilfen zur Vorbereitung und Umsetzung. Kohlhammer, Stuttgart

Kiefer B, Rudert B (2006) Qualitätsmanagement – Mit Mind Maps einfach und effektiv. Vincentz Network, Hannover

Konschak B (2014) Professionelles Personalmarketing. Haufe, Freiburg

Lechtleitner S (2014) Controlling: Tools und Kennzahlen der Personalbeschaffung. ► www.adp-personalmanager.de. ► https://www.adp-personalmanager.de/fachartikel/-/asset_publisher/SckcQr8nimMm/digitallibrary/id/760224;jsessionid=ABE4AE1900EC6DD56A614ED2184D9720?_101_INSTANCE_SckcQr8nimMm_selectedAssetId=760224. Zugegriffen: 21. Okt. 2017

Manpower.de. ► https://www.manpower.de/neuigkeiten/der-joblog/detail/der-einzug-von-kennzahlen-in-das-personalmarketing-quality-of-hire-62/. Zugegriffen: 18. Nov. 2017

Müller C (2013) Online-Bewerbung-Systeme für Unternehmen. Karieerebibel.de. ► https://karrierebibel.de/online-bewerbung-systeme/. Zugegriffen: 24. Okt. 2017

Quenzler A, Schuler D (2011) Nichts für Dünnbrettbohrer. Personalwirtsch Ausg 6:28–30

Scheffler K (2017) Optimieren Sie Ihre Top 3 Recruitment KPIs: Time-to-Hire, Cost-per-Hire & Quality-of-Hire. ► https://www.vonq.com/de/recruitment-insights/blog-optimieren-sie-ihre-top-3-recruitment-kpis/. Zugegriffen: 27. Nov. 2017

Spies R (2017) Neue Kennzahlen fürs Controlling. Monster.de. ► https://arbeitgeber.monster.de/hr/personal-tipps/personalmanagement/organisation-controlling/kennzahlen-controlling-social-media-72168.aspx. Zugegriffen: 21. Okt. 2017

Straßmann B (2014) Schluss mit Schwester! ZEIT, 12. ► http://www.zeit.de/2014/12/kopfgeld-pflege-personal-klinik/seite-2. Zugegriffen: 23. Nov. 2017

talention.de (2014) Warum die Time-to-Hire eine bedeutende Kennzahl ist. ► https://www.talention.de/blog/-time-to-hire-. Zugegriffen: 23. Nov. 2017

Serviceteil

© Springer-Verlag GmbH Deutschland, ein Teil von Springer Nature 2019
S. Grootz, M. Brandstädter, F. Schaefer, K. Huthwelker, *Personalmarketing im Pflegedienst*,
https://doi.org/10.1007/978-3-662-54104-3

Sachverzeichnis

W

Y

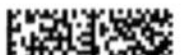